innenwelt verlag

Haftungsausschluss:
Die im Buch veröffentlichten Ratschläge und Übungen wurden von den Verfassern und dem Verlag mit größter Sorgfalt erarbeitet und geprüft. Eine Garantie und Haftung kann jedoch nicht übernommen werden. Die Durchführung der im Buch enthaltenen Übungen erfolgt in Selbstverantwortung.

1. Auflage 2020
Umschlaggestaltung: Bunda S. Watermeier, www.watermeier.net
Übersetzung: Chinta Mani

www.innenwelt-verlag.de

CPI books, Leck
Printed in Germany
ISBN 978-3-947508-41-9

Krishnananda &
Amana Trobe

im flow.

Verbindliche Beziehungen leben und gestalten

INHALT

Einleitung

Nähe zulassen

Wir haben schon einige Bücher geschrieben, die davon handeln, wie man mit Kindheitswunden umgehen kann und wie man einen Sinn im Leben findet. Nun wollten wir ein Buch darüber schreiben, wie man mehr Nähe zulassen kann, denn es ist uns klar geworden, wie schwer das für viele ist.

Dabei richtet sich unsere Aufmerksamkeit hauptsächlich auf die dauerhafte Nähe und Intimität in einer engen Bindung, aber das ist nicht der einzige Fokus. Denn jede Form von menschlichem Kontakt kann sehr bedeutungsvoll für uns sein, wenn wir bewusst damit umgehen. Viele der Einsichten und Werkzeuge, die wir beschreiben, treffen auch auf andere Beziehungen zu – auf enge Freunde, Familie und unsere Kinder.

Es gibt viele Gründe, warum wir uns auf Liebesbeziehungen einlassen. Manchmal geht es einfach um körperliche Anziehung oder weil man gerne in Gesellschaft ist. Es gibt uns ein Gefühl der Zugehörigkeit und Sicherheit, oder es ist der Wunsch geliebt zu werden und Liebe zu erwidern.

Eine reife Motivation schließt das alles zwar mit ein, aber man weiß, dass wirkliche Nähe auch ein spiritueller und emotionaler Weg ist, der einen bewussten, verbindlichen und anhaltenden Einsatz fordert. Es ist die Reise von zwei Seelen, die sich gemeinsam auf die Suche nach Wahrheit, Selbsterkenntnis und tiefer Liebe machen.

Wenn wir uns auf diese Reise einlassen, dann muss uns klar sein, dass wir die Schwierigkeiten, Konflikte, Enttäuschungen und Herausforderungen nutzen wollen, um zu lernen wie man wachsen kann, um uns selbst immer näher zu kommen - und damit auch dem anderen.

Wir wollen uns in diesem Buch Schritt für Schritt anschauen, was unserer Erfahrung nach nötig ist, um eine tiefe, nährende und anhaltende Liebesbeziehung, einen *Love Flow* oder Liebesfluss, zwischen zwei Personen zu ermöglichen. Es gibt nichts Kostbareres für uns. Nichts könnte unserem Leben mehr Erfüllung und innere Zufriedenheit geben.

Da sprechen wir aus eigener Erfahrung, denn wir sind seit mehr als 26 Jahren zusammen und noch immer in tiefer Liebe verbunden, die tatsächlich mit den Jahren immer tiefer wird. Aber auf unserem Weg gab es auch Herausforderungen, die Prüfungen für das Vertrauen in unsere Beziehung und in uns selbst waren. Das war besonders in den ersten gemeinsamen Jahren der Fall, als unsere tieferen Wunden an die Oberfläche kamen. Es erforderte Mut und Vertrauen, um tiefer nach innen zu sehen, anstatt sich gegenseitig Schuld zuzuschieben. Jede Herausforderung hat am Ende dazu geführt, dass unsere Liebe tiefer wurde.

Als wir uns kennenlernten, hatten wir beide bereits eine gute Grundlage für unsere Beziehung, denn wir hatten uns schon mehrere Jahre mit Selbsterforschung und Meditation beschäftigt. Beim Zusammensein konnten wir erkennen, was nötig ist, damit die Liebe funktionieren kann, und das wollen wir hier noch etwas genauer beschreiben.

Die wichtigsten Grundregeln, damit Nähe funktionieren kann:

- Die eigenen tiefen Muster erkennen.
- Sich gegenseitig lieben und akzeptieren – mit allen Unterschieden.
- Zufriedenheit auch im Alleinsein finden.
- Lernen, die eigenen Gefühle zu interpretieren und auszudrücken.
- Eigene Grenzen klarer und offener erkennen und zeigen.
- Einen inneren Raum finden, der es dir erlaubt, mit Frustration und Enttäuschung umzugehen, ohne das auszuagieren.

In der Zwischenzeit haben wir unsere eigenen Beziehungserfahrungen der letzten 25 Jahre in unser Institut, das *„The Learning Love Institute"* einfließen lassen. Dabei ist es unser Anliegen, unser eigenen Erkenntnisse weiterzugeben. Wir entwickeln und leiten experimentelle Seminare, in denen wir in Einzel- oder Paar-Sitzungen beraten und auch weltweit das Wissen an andere Therapeuten weitergeben, damit sie die Arbeit verbreiten können.

Viele Menschen, die zu uns kommen, haben ernsthafte Schwierigkeiten mit dem Verlauf ihrer bisherigen Beziehungen. Oft hören wir, dass sie schon sehr viel an sich selbst gearbeitet haben, aber dieser Lebensbereich funktioniert trotzdem nicht. Dann begegnen wir folgenden Problemen, die es trotz der eigenen inneren Arbeit immer noch gibt:

- Viele Menschen sind gefangen in nicht funktionierenden Verhaltensmustern, die die Liebe sabotieren und zu endlosen Machtkämpfen führen.

- Sie sind meist nicht in der Lage ihre Konflikte auf gesunde Art zu lösen, sondern neigen dazu andere zu beschuldigen, anzugreifen, zu analysieren, sich gegenseitig zu missbrauchen, sich zu verschließen, sich zurückzuziehen oder einen anderen Partner zu suchen.

. Sie haben oft resigniert, die Liebe komplett aufgegeben, und fühlen sich in der Beziehung leblos – selbst, wenn sie alleine sind.

. Sie können noch nicht erkennen, wie Kindheitswunden und Konditionierungen ihre gegenwärtigen Beziehungen beeinflussen und sabotieren.

Es ist aber nicht nur Glücksache, ob wir eine Liebesbeziehung eingehen und erhalten können. Tiefe menschliche Nähe ist eine Reise, für die es Bewusstheit, Vorbereitung und innere Arbeit braucht. Eine Reise von zwei Personen, die sich gegenseitig genug Sicherheit, Vertrauen und Offenheit schenken, damit beide ihre Grenzen auflösen können und gleichzeitig eine gesunde Individualität da sein kann.

Als wir uns tiefer mit diesem Projekt über intime Nähe befasst haben, erkannten wir, dass sich unser Fokus verändern musste. Es wurde uns immer klarer, dass beim Zulassen und Erhalten von Nähe der Kern des Problems und des Leidens nicht darin liegt, den oder die passende Partnerin zu finden, oder dass es von anderen äußeren Bedingungen abhängen würde. Es geht darum, den eigenen inneren *Love Flow* oder Liebesfluss wiederzufinden. Nur wenn wir unsere eigene innere Liebesverbindung wiederfinden, werden wir nicht mehr leiden und sind auch dann erst in der Lage eine Liebesbeziehung mit einer anderen Menschen einzugehen und zu erhalten.

Liebe kann fließen, wenn wir mit der Energie unseres Körpers und Herzens verbunden sind und gleichzeitig mit dem Leben um uns herum. Wenn wir Freude empfinden und uns lebendig fühlen, wenn wir wachsen und lernen.

Die Liebe fließt in uns, wenn unsere Handlungen im Einklang mit unserer inneren Wahrheit sind, wenn wir in der Lage sind Risiken einzugehen, um neue Erfahrungen zu machen. Am wichtigsten ist dabei die Bereitschaft unser Leben und das was mit uns geschieht in einem positiven Licht zu sehen, mit dem Verständnis, dass in allem die Chance liegt, zu lernen und zu wachsen, auch wenn es mal schwierig oder schmerzhaft sein mag.

Im ersten Teil des Buches schauen wir uns an, wie wir die Verbindung zu unserem inneren *Love Flow* verloren haben; wie wir uns im Alltag sabotieren und wie man diesen Flow wiederfinden kann. Im zweiten Teil des Buches geht es darum, wie wir den *Love Flow* in der Partnerschaft finden und erhalten können. Es ist eine Bewusstseinsreise, um diesen *Love Flow* wiederzufinden: Wenn wir in diese Welt kommen, haben wir noch eine natürliche Verbindung zu unserem *Love Flow* – wir sind voll kindlicher Unschuld, Spontaneität, Neugierde, Lebendigkeit und voller Vertrauen. Aber die meisten von uns verlieren irgendwann diese innere inspirierende Verbindung und Offenherzigkeit. Und die Reise des Wiederfindens beginnt in dem Moment, in dem wir erkennen, dass wir sie verloren haben. Dieses Wiederfinden gibt unserem Leben einen Sinn; aber es ist auch eine große Herausforderung. Es braucht unsere Intelligenz und unseren Mut, um aus diesen alten Verhaltensmustern auszubrechen, die uns abstumpfen und uns im Negativen verhaftet sein lassen, wo wir uns nicht verändern und nicht riskieren wollen, unser Herz wieder zu öffnen.

Der Liebesfluss, den wir auf unserer Reise wiederfinden, unterscheidet sich allerdings von dem, mit dem wir geboren wurden. Er ist durch die Herausforderungen, den Schmerz und die Traumen, die wir erlebt haben, gereift. Er ist gereift, weil wir unterwegs nicht aufgegeben haben und weil wir jetzt dazu in der Lage sind, in unserem Leben einen Sinn und Bedeutung zu geben.

Werden wir auf dieser Reise immer voller Inspiration und Energie sein? Wohl eher nicht! Wir werden Prüfungen erleben, werden mit Verlusten,

Versagen und Krankheiten konfrontiert sein. Und es wird nicht immer leicht sein zu akzeptieren, dass schmerzhafte Erfahrungen im Leben helfen, und wir daran wachsen und reifen können. Man muss aufpassen, nicht dem Glauben zu verfallen, dass das Leben gegen uns ist oder uns gar bestrafen will. Dabei ist es von entscheidender Bedeutung, wie man schmerzhafte Erfahrungen interpretiert, denn sie können sowohl als Hindernis oder als auch als Sprungbrett gesehen werden.

Zum Wiederentdecken unseres inneren *Love Flow* erforschen wir auf liebevolle Art, wie wir uns täglich ständig sabotieren und wir schauen, ob wir konkrete Schritte machen können, uns neu zu entdecken und unser Leben ganz konkret umzugestalten. Diese Reise erfordert Mut, denn der Widerstand gegen jede Veränderung kann stark sein. Ein unbewusstes Leben, wo wir alle Werte und Verhaltensregeln fraglos hinnehmen, die uns beigebracht wurden und in dem wir in den vertrauten und angelernten Verhaltensmustern bleiben, kann bequem und sorglos sein, aber es fehlt ihm an Lebendigkeit. Sich daraus zu lösen und nach innen zu schauen, kann verunsichern und Angst machen. Es kann uns aber genausogut einen neuen Lebensstil ermöglichen, voller Inspirationen, wenn wir die Verantwortung für unser Leben übernehmen und uns der Konsequenz dieser Entscheidung bewusst werden.

Oft macht man sich erst auf den Weg diesen Liebesfluss wiederzufinden, wenn die alten vertrauten Muster nicht mehr funktionieren. Manchmal bekommen wir einen Anstoß, auf diese Reise zu gehen, wenn unser altes, bekanntes Leben seinen Sinn verloren hat. Erst dann bringen wir den Mut auf, Hilfe zu suchen oder etwas ganz Neues auszuprobieren, um nicht in eine Depression zu verfallen.

Sehr oft versuchen wir den Liebesfluss, den wir in uns vermissen, über den anderen zu finden, das führt aber zu unvermeidlichen Konflikten und Leid. Wir arbeiten oft mit Paaren, die nicht aufgeben, eine perfekte Technik für ihre Beziehung zu finden, sich dabei aber nach unserer Erfahrung in die falsche

Richtung bewegen. Denn es ist egal, wie viele neue Kommunikationstechniken oder Tantraübungen wir lernen, das alles kann niemals die fehlende Verbindung zu unserem inneren *Love Flow* ersetzen. Wir werden durch unerfüllte Erwartungen, die Zerstörung unserer romantischen Vorstellungen oder endlosen Dramen nur von uns selbst abgelenkt. Es kann sogar sein, dass wir glauben, dass unser Misstrauen gerechtfertigt sei, wir uns verletzt und verraten fühlen, wütend und verbittert sind, und denken, dass wir den Partner wechseln müssten. Das alles kann sich erst ändern, wenn wir unseren eigenen inneren *Love Flow* finden.

Im zweiten Teil des Buches geht es dann darum, wie wir den *Love Flow* mit anderen finden und erhalten können. Dazu müssen wir verstehen, wie herausfordernd die Liebesreise miteinander sein kann und wie leicht es zu Sabotagen kommt. Es geht darum, unser Verständnis zu vertiefen und praktische Werkzeuge zu erlernen, wie wir uns in Sicherheit und Vertrauen miteinander verbinden und auch kommunizieren können. Außerdem wollen wir lernen, wie sich Konflikte und Missverständnisse auf liebevolle Art lösen lassen und wie sich auch unsere Sexualität an die vorhersehbaren Veränderungen in einer langjährigen Partnerschaft anpassen kann.

„Es ist sehr schwer, friedlich in einer Beziehung zu leben, aber genau das ist die Herausforderung. Wenn du versuchst das zu vermeiden, vermeidest du die Reife. Erst wenn du dich darauf einlässt, mit all den Schmerzen, und immer weiter hinein gehst, wird der Schmerz langsam zum Segen, dann wird der Fluch zum Segen. Über den Konflikt und die Reibung entsteht mit der Zeit eine Kristallisation. Der Konflikt lässt dich wacher und bewusster werden.

Der Andere ist dann wie ein Spiegel für dich. Im Anderen kannst du deine Schatten sehen, denn der Andere provoziert dein Unbewusstes und bringt es an die Oberfläche. Zuerst muss man all die versteckten Bereiche in sich selbst erkennen und der einfachste Weg dahin ist, wenn man in einer Beziehung gespiegelt wird. Ich sage der einfachste Weg, aber es gibt keinen anderen -- und es ist schwierig. Es ist schwierig und hart, weil du dich dazu verändern musst."

Osho, The Osho Upanishads #20

I. Teil

Wie wir den Love Flow verlieren und wiedergewinnen

1. Den Fluss der inneren Liebe wiederfinden

Es gehört zu den schwierigsten Aufgaben im Leben, den eigenen inneren Lebens- und Liebesfluss wiederzufinden, wenn der Kontakt dazu abgebrochen ist. Seit vielen Jahren arbeiten wir mit unseren Klienten daran und es ist auch unsere persönliche Erfahrung, dass wir uns immer wieder sanft und geduldig anschauen müssen, wann und wie wir uns gegen unsere innere Wahrheit stellen und den inneren Fluss sabotieren, weil wir es zulassen, dass unser Verhalten, besonders in unserer Partnerschaft, von Ängsten und Unsicherheiten bestimmt wird.

In der Regel ist der Zugang zum eigenen Liebesfluss durch frühe Kindheitstraumata verlorengegangen. Diese frühen Erfahrungen waren oft geprägt von Übergriffen und Einschränkungen unserer natürlichen Lebensenergien – wie Leidenschaft, Enthusiasmus und Neugierde. Starre Regeln und Prinzipien, das Fehlen gesunder Grenzen, der Mangel an einfühlsamer Unterstützung, Führung und Aufmerksamkeit haben dazu geführt, dass wir den Kontakt zu unserem natürlichen und angeborenen inneren „Flow" verloren haben.

Jetzt, in der Gegenwart, verlieren wir immer dann den Kontakt zu unserem inneren Liebesfluss, wenn wir gestresst sind oder schmerzhafte Erfahrungen uns aus der Bahn werfen. Wir blockieren ihn, wenn wir von unseren Ängsten und Unsicherheiten überwältigt werden, die unsere ganze innere Erfahrung, unser Denken und Verhalten kontrollieren. Dadurch verfestigen sich Glaubenssätze und Emotionen, in denen wir uns als Opfer sehen. Wir sind überzeugt, dass unser Leben von äußeren Ereignissen und der Einstellung oder dem Verhalten anderer Menschen uns gegenüber bestimmt wird. Das führt zu chronischen, reaktiven Verhaltensmustern, mit denen wir versuchen, diesen Ängsten und Unsicherheiten im Leben auszuweichen.

Zu diesen Verhaltensmustern gehören Gewohnheiten wie Suchtverhalten und selbstzerstörerische Tendenzen oder andere Automatismen, die jederzeit ausgelöst werden können: Wut- und Gewaltausbrüche und deren Rechtfertigung, körperliche Trägheit und mangelnde Aktivität, die Unfähigkeit eigene Grenzen wahrzunehmen und sie zu respektieren, Kompromisse einzugehen und sich anzupassen, anstatt für die eigene Wahrheit einzustehen. Man übernimmt keine Verantwortung für die eigenen Entscheidungen und Taten und wartet stattdessen auf Rettung von außen.

In unserer Arbeit benutzen wir eine einfache Landkarte auf der Suche nach dem eigenen *Love Flow.* Sie besteht aus drei Kreisen, die jeweils ineinanderliegen.

Der äußere Kreis symbolisiert unsere äußere Verteidigungsschicht mit den Überlebensstrategien, die wir einsetzen, um uns gegen emotionale Schmerzen, Einsamkeit, Ängste und Schamgefühle, wie wir sie oben beschrieben haben, zu schützen.

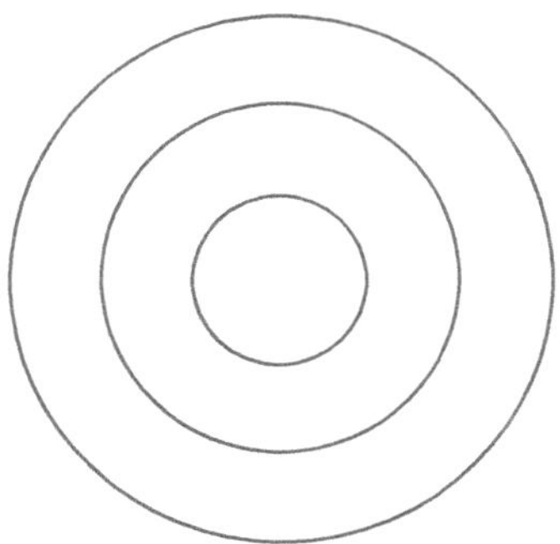

Der mittlere Kreis repräsentiert unser verletztes Selbst mit Gefühlen der Angst, Scham, Misstrauen und Einsamkeit, vor denen wir uns mithilfe der äußeren Schichten schützen wollen. Diese Gefühle kommen ursprünglich aus Kindheitstraumata, die durch Vernachlässigung, gewaltsame Konflikte, Übergriffe, aber auch durch fehlende Unterstützung und Führung im Umgang mit den Schwierigkeiten des Lebens entstanden sind.

Der innere Kreis repräsentiert unsere natürliche Essenz, die sowohl universelle Qualitäten wie Liebe, Neugierde, Mitgefühl, Zärtlichkeit, Lebendigkeit, Intensität, Leidenschaft und Fürsorglichkeit beinhalten, und Qualitäten, die unsere persönlichen Fähigkeiten und das Potenzial unserer einzigartigen Persönlichkeit auszeichnen.

Als wir den Kontakt zu unserem *Love Flow* verloren hatten, haben wir auch den Kontakt zu unserer Essenz verloren. Wir haben uns entweder mit unserem verletzten Selbst identifiziert und sind fest davon überzeugt, dass unsere Ängste und Scham gerechtfertigt sind, oder wir bewegen uns ausschließlich in unserer Verteidigungsstruktur und haben den Zugang zu unserer Verletzlichkeit verloren. In beiden Fällen ist der Fluss blockiert.

Die Reise, die uns wieder in den Love Flow bringen kann, hat drei Aspekte:

1. Das Erkennen unserer Verteidigungs- und Verhaltensstrategien, verbunden mit den Rollen, die wir darin spielen.

2. Unsere Verletzlichkeit annehmen; Zugang zu unseren Ängsten und Unsicherheiten finden und erkennen, wie sie sich im täglichen Leben zeigen.

3. Herausforderungen annehmen, Risiken eingehen und den Komfortbereich verlassen, damit wir aus den alten, vertrauten Wegen unseres Denkens, Fühlens und Verhaltens herauskommen.

Wir werden uns diese drei Aspekte im folgenden Kapitel genauer ansehen, wo es darum geht, wie wir unsere inneren Verwundungen heilen können. Die Transformation ist möglich, wenn wir unseren Schmerz, die Ängste und Scham mit Würde und Respekt annehmen. In unserer Arbeit beschreiben wir das oft so, dass wir den Schwierigkeiten unseres heutigen Lebens und der Vergangenheit entweder mit einer geschlossenen Faust oder mit einer offenen Hand begegnen können. Im ersten Fall kämpfen wir mit dem Schmerz und versuchen ihm zu widerstehen, im zweiten Fall öffnen wir uns dafür. Denn solange wir versuchen, den Schmerz nicht wahrzunehmen oder hoffen, dass er einfach verschwindet, blockieren wir unsere Transformation. Erst wenn wir in der Lage sind, uns dafür zu öffnen, wird die Qualität der Hingabe uns auf ganz natürliche Weise zur Essenz zurückbringen. Dann sind wir in der Lage unsere Einzigartigkeit zu erkennen und entdecken unser Potenzial, nämlich Liebe, Kreativität und Großherzigkeit.

„Wir werden alle von früher Kindheit an verurteilt. Man wird immer verurteilt, egal was man macht, ob man etwas gern tut oder etwas tun muss.
Die Menschen, die Masse in der Kinder aufwachsen, hat ihre eigenen Vorstellungen und Ideale und an diese muss sich das Kind halten – es hat keine andere Wahl.
Habt ihr schon mal daran gedacht, dass ein Kind das hilfloseste Wesen im ganzen Tierreich ist?
Alle Tierkinder können auch ohne die Unterstützung ihrer Eltern oder der Gemeinschaft überleben, nur das menschliche Kind kann das nicht. Es würde sofort sterben. Das menschliche Kind ist das hilfloseste Wesen. Es ist so verletzlich und hilflos, dass es ohne Unterstützung dem Tod ausgesetzt wäre.
Deshalb können Erwachsene das Kind nach ihren Wünschen formen, weil sie die Macht haben. Also wird jeder zu etwas geformt, was er nicht ist, und man richtet sich somit gegen sich selbst. Das ist der psychologische Hintergrund, warum jeder versucht, etwas zu sein, was er nicht ist."

Osho, Beyond Enlightenment # 19

2. Wie wir immer wieder den eigenen Love Flow sabotieren

Unserer Erfahrung nach gibt es sechs verschiede Strategien, mit denen wir unseren Liebesfluss im täglichen Leben sabotieren.

1. Wir halten an negativen Gedanken und Emotionen fest, die unsere Rolle als Opfer bestätigen.

2. Wir haben den Zugang zu unseren Gefühlen, Körperempfindungen, unserer Sinnlichkeit und den eigenen Grenzen verloren.

3. Wir bleiben oft mit Werten und Menschen identifiziert und verbunden, die uns nicht unterstützen.

4. Wir unterstützen die eigene Lebensenergie nicht.

5. Wir begeben uns in Abhängigkeiten von Verhaltensmustern oder Substanzen, um die darunterliegenden Ängste und Unsicherheiten nicht wahrnehmen zu müssen.

6. Wir richten unser Verhalten nicht an unserer inneren Wahrheit und Weisheit aus, sondern sind verantwortungslos, unberechenbar und unehrlich.

Veränderung kann erst dann geschehen, wenn wir uns wirklich über unsere Verhaltensmuster und Einstellungen bewusst werden, und auch bereit sind, die dahinterliegenden Ursachen zu erkennen. Veränderung beginnt, wenn wir uns vom inneren Kritiker distanzieren, der uns ständig verurteilt. Und wenn wir erkennen, wie sehr das unserem inneren *Love Flow* schadet.

1. An negativen Gedanken und Emotionen festhalten

Gedanken und Emotionen können uns von innen heraus vergiften, wenn wir daran festhalten, dass wir Opfer äußerer Umstände oder der anderer Menschen sind. Man erkennt diese negativen Gedanken und Gefühle an der Gewohnheit, sich zu beschweren, zu jammern, ständig anderen die Schuld zu geben oder wenn man chronisch wütend oder depressiv ist.

> Arnold, ein 45-jähriger Mann, wird von seinen negativen Gedanken vollkommen beherrscht. Er beschwert sich, dass er keine Freundin hat, dass sein Job langweilig und schlecht bezahlt ist. Seine Familie steht nicht zu ihm und von seinen Beschwerden wollen sie nichts wissen. Bisher hat keine Form der Therapie etwas gebracht. Er hat verschiedene Antidepressiva ausprobiert sowie unterschiedliche Therapien (Verhaltenstherapie, Arbeit mit dem inneren Kind, Coaching und myofasziale Körperarbeit), es hat aber alles nichts gebracht. Er findet bei allem und jedem etwas auszusetzen, und wenn man Vorschläge macht, was ihm helfen könnte, findet er Ausreden, warum es gerade nicht geht oder er sich nicht darauf einlassen kann. Unglücklicherweise glaubt Arnold den Gedanken, die ihm sagen, dass es sich nie ändern wird, dass er niemals einen erfüllenden Job finden, und auch niemals von jemandem geliebt werden wird. Diese Gedanken haben ihren Ursprung in

schmerzhaften Kindheitserfahrungen. Sie stammen aus der Zeit, als er in der Schule gemobbt und erniedrigt wurde, einen Vater hatte der meist weg war und sich wenig für ihn interessierte und eine Mutter, die einnehmend und besitzergreifend war. Als Folge dieser Traumata ist in ihm die Einstellung und Überzeugung entstanden, dass er dem ausgesetzt ist und nichts daran ändern kann. Aber auch wenn er die Ursachen seiner Negativität kennt und weiß, wie sehr er in der Hand seines inneren Kritikers ist, reicht das nicht (und es reicht nie), um etwas daran zu ändern. Man braucht wirklich Mut, um Schritte zu unternehmen, die solche negativen Glaubenssätze infrage stellen können. Diesen Mut hat er leider bisher nicht aufbringen können.

Negativen Gedanken, Gefühle und Verhaltensmuster haben immer entsprechende negative Auswirkungen auf unser Leben, denn wir strahlen sie aus, und das hält andere von uns fern. In der Regel haben wir nicht den Mut oder die Motivation sie zu überwinden.

Aber wenn man seine negativen Gedanken beobachtet, kann man leicht die Auswirkungen wahrnehmen, die sie auf unsere Liebes- und Lebensenergie und generell auf unser Leben haben. Wenn wir unsere negativen Gedanken mal ganz bewusst und methodisch aufschreiben, können wir sehen, wie sehr wir diesen Gedanken glauben und wie sie unser Leben beeinflussen. Solange das unbeobachtet bleibt, werden wir im weiter von unserem inneren Kritiker kontrolliert. Er verurteilt uns und auch alle anderen um uns herum. Er lässt am Leben an sich nichts Gutes.

Bei näherer Betrachtung stellen wir fest, dass diese Gedanken das Ergebnis einer tiefen Verunsicherung in uns sind. Das führt zu überhöhter Selbstkritik, Neid und Konkurrenz – wir kritisieren dann gern und schauen generell pessimistisch auf das Leben.

2. Wir haben den Zugang zu unseren Gefühlen, Körperempfindungen, unserer Sinnlichkeit und unseren Grenzen verloren.

Sich über die eigenen Gefühle bewusst zu sein, besonders über solche der Unsicherheit und Angst, bringt neue Dimensionen, Farben und Tiefe in unser Leben. Ohne dieses Bewusstsein ist unser Leben steif und mechanisch, und wir spüren keine Freude. Die Körperwahrnehmungen sind dabei ein sehr empfindsames Messinstrument für unser inneres Erleben: sind unsere Emotionen erstarrt oder leben wir in Scham und Angst, sind wir verunsichert und fühlen uns schutzlos. Damit einher geht auch der Verlust unserer natürlichen Sinnlichkeit und Lebendigkeit.

Das Lähmendste daran ist, das Gefühl für die eigenen Grenzen verloren zu haben und man ist dann nicht mehr in der Lage, Übergriffe auf physischer, sexueller, emotionaler oder spiritueller Ebene mitzubekommen oder sich gar davor zu schützen. Wenn wir also nicht *in* unserem Körper sind, verlieren wir die Verbindung zum Liebesfluss, können unsere Grenzen nicht wertschätzen und verlieren so den Kontakt zu anderen und dem Leben an sich.

Hier möchte ich (Krish) gerne meine eigene Erfahrung beschreiben, als ich die Wahrnehmungsfähigkeit für meine Emotionen, die subtilen Signale meines Körpers, und den Respekt für meine Grenzen verloren hatte. Viele Jahre fühlte ich mich zu Lehrern hingezogen, die lehrten, dass man seine Aufmerksamkeit nicht auf den Körper richteten sollte, sondern auf die „höheren Sphären". Während ich Medizin studierte und auch später als Assistenzarzt praktizierte ich viele Stunden am Tag Yoga und Meditationen. Es gehörte nicht zu meiner spirituellen Praxis, Körperwahrnehmungen, Gefühle, Sinnlichkeit und Sexualität zu spüren und zu erforschen. Vielmehr erforderte mein spiritueller Weg, dass ich versuchte andere zu retten, in dem Missverständnis, damit etwas Gutes zu tun. Gleichzeitig hatte ich Schuldgefühle wegen meiner eigenen Bedürfnisse und natürlich waren meine persönlichen Grenzen unwichtig. Erst als ich an einem Human-Potential-Training teilnahm, das sich „Lifespring" nannte, wurde mir klar, wie sehr ich von meinem Körper, meinen Gefühlen, der Sinnlichkeit und Lebensenergie in mir, aber auch von der Notwendigkeit eigener Grenzen abgespalten war. Diese Einsicht veränderte mein Leben. Mit der Unterstützung der Seminarleiterin konnte ich erkennen, wie eingeschränkt meine spirituelle Suche geworden war. Mit ihrer Hilfe konnte ich sehen, dass alle Methoden, die sich gegen das Wahrnehmen des Körpers, der Emotionen, der Sexualität und Sinnlichkeit richten, nicht der richtige Weg sein können. So trennte ich mich dann von meinen früheren Lehrern und der Zwanghaftigkeit meiner bisherigen Praxis. Mit der Unterstützung verschiedener Therapien und der andauernden Liebe zu meiner Partnerin Amana, mit der ich seit 26 Jahren zusammen bin, habe ich endlich gelernt, alle Aspekte des Lebens zu genießen.

3. Wir bleiben oft mit Werten und Menschen identifiziert und verbunden, die uns nicht unterstützen.

Es ist kaum zu unterschätzen, wie sehr uns die Menschen beeinflussen, mit denen wir uns umgeben; und das betrifft ganz besonders unsere Ursprungsfamilie. Wir haben ihre Werte, Ideen, Einstellungen, Meinungen übernommen, was unseren Liebesfluss stark beeinträchtigt. Wir übernehmen Urteile über uns, die anderen und das Leben an sich. Wir klammern uns so an unsere Wurzeln, weil wir ein starkes Bedürfnis nach Zugehörigkeit haben und große Angst vor Isolation und Kritik. Deshalb wollen wir keine Trennung oder Individualisierung riskieren.

Anderson hängt sehr an seinen Eltern. Als Kind litt er unter den hohen Ansprüchen seines Vaters, der ein erfolgreicher Geschäftsmann war und der oft mit ihm schimpfte, wenn er seine Erwartungen nicht erfüllte. Heute ist er zwar selbst geschäftlich erfolgreich und hat eine eigene Firma mit vielen Angestellten, aber für seinen Vater ist das immer noch nicht gut genug und er kritisiert ihn immer noch. Seine Mutter hat noch nie etwas dazu gesagt und sagt heute auch nichts, wenn sein Vater ihn schlecht behandelt.
Er kann zwar sehen, dass er immer zurückfällt, wenn er bei seiner Familie ist, und dass dann der ganze Selbstzweifel wieder da ist. Trotzdem hat er nicht den Mut, sich von ihnen zu lösen. Er fühlt sich verpflichtet, seinen Urlaub mit ihnen zu verbringen und mit ihnen zu verreisen. Er meint, weil sie älter werden, sei es wichtig, dass er sich so viel wie möglich um sie kümmert. Aber er kann auch spüren, dass es seine Lebensenergie, sein Selbstwertgefühl und selbst die Beziehung zu seiner Freundin beeinträchtigt.

Wir spüren immer die Konsequenzen unserer negativen Konditionierung, solange wir nicht den Mut aufbringen, uns selbst vor Missbrauch zu schützen, indem wir Themen direkt ansprechen und uns entweder physisch und/oder emotional trennen. Um unsere eigenen Werte, Authentizität und Lebensenergie entdecken zu können, müssen wir uns auf die Reise der Selbsterkenntnis begeben.

4. Wir stärken die eigene Lebensenergie nicht.

Negative Gedanken und Emotionen haben sehr großen Einfluss darauf, wie wir mit unserem Körper und unserer Energie umgehen. Es gibt unserer Erfahrung nach nichts Besseres, um den *Love Flow* in unserem Körper zu stärken, als auf den Körper zu hören und auf seine Bedürfnisse zu achten, ihn mit gesunder Nahrung zu versorgen und sich regelmäßig zu bewegen. In der Regel ignorieren wir die Bedürfnisse des Körpers aber, weil wir mit unserer Aufmerksamkeit und Konzentration im Kopf bleiben. Damit verlieren wir aber das Einfühlungsvermögen in unseren physischen Körper.

Wenn wir auf ihn hören, teilt unser Körper uns mit, wie viel Schlaf, Ruhe, Fürsorge oder Entspannung er braucht. Er wird uns auch zu spüren geben, wie sich regelmäßige, körperliche Aktivitäten anfühlen, die unserem Temperament entsprechen. Natürlich wird er uns auch wissen lassen, wie es sich anfühlt, wenn wir uns nicht bewegen. Selbst Müdigkeit entsteht oft durch mangelnde Bewegung. Es kann natürlich eine Weile dauern, bis man das wahrnehmen kann, denn wir sind es nicht gewohnt, auf seine Bedürfnisse zu hören. Gewöhnlich treiben wir den Körper an oder wir kollabieren. Eine natürliche Einstimmung auf ihn entsteht von ganz alleine, wenn wir den inneren *„Flow“* einmal entdeckt haben. Dann spüren wir, dass der Körper unterschiedliche Dinge zu unterschiedlichen Zeiten braucht. Tatsächlich ist es eine ganz eigene Kunst, auf den Körper zu hören und ihn ernst zu nehmen.

Susan ist eine sehr intelligente und erfolgreiche Innenarchitektin. Sie gibt aber zu, dass sie nicht besonders auf ihre Ernährung achtet und in der Regel zu schnellen Fertigmahlzeiten greift, weil sie bei der Arbeit und auch am Abend zu beschäftigt ist, um sich um gesundes Essen zu kümmern. Obwohl sie weiß, dass es ihr guttun würde, macht sie keinen Sport. Sie sagt, dass sie chronisch müde ist und auch am Wochenende selten etwas unternimmt und lieber zu Hause bleibt. Außerdem ist sie unglücklich, weil sie zu viel wiegt und nicht abnehmen kann. Susan hat in ihrem Leben noch nie Wert auf gesundes Essen oder Bewegung gelegt und selbst in der Schule hat sie als Kind oder Jugendliche nie Sport gemacht. Ihr Vater war Alkoholiker und hatte regelmäßig Wutanfälle, wenn er betrunken nach Hause kam. Ihre Mutter war übergewichtig und depressiv. Susan hat nie gelernt, ihre eigene Lebensenergie zu stärken, sondern entwickelte negative Gewohnheiten, die bis heute geblieben sind. Obwohl sich solche Verhaltensmuster nur schwer ändern lassen, kann sie aber langsam ihren Widerstand gegen körperliche Bewegung überwinden und kommt auch aus ihrer Lethargie heraus. Vor vier Monaten hat sie einen Personal Trainer engagiert und geht jetzt zweimal die Woche ins Fitness-Studio. Langsam wird sie körperlich aktiver und erlebt auch außerhalb des Berufes immer mehr Lebensqualität.

5. In Abhängigkeiten geraten, um die darunterliegenden Gefühle nicht wahrnehmen zu müssen.

Es hat enorme Auswirkungen auf unseren inneren Liebesfluss, wenn wir Alkohol, Tabak oder Marijuana konsumieren oder uns mit Internet, Computerspielen, Serien oder Pornografie vollladen. Das hat nicht nur negative Auswirkungen auf unseren Körper und unsere Energie, wir vergeuden auch Zeit damit und tief im Inneren hassen wir uns dafür. In der Regel reicht Selbstdisziplin nicht aus, um mit solchen Suchtgewohnheiten klarzukommen. Dazu müssen wir uns die tiefe Scham und Angst ansehen, die darunterliegt.

Anna Maria ist süchtig nach Schokolade und Fernsehen. Wenn sie am Abend von der Arbeit nach Hause kommt, zieht sie sich in der Regel nach dem Abendessen mit ihren bevorzugten Süßigkeiten zum Fernsehen zurück. Sie weiß, dass sie einige Kilos zu viel wiegt und das macht ihr große Sorgen, aber trotz vieler Diäten und Therapien kann sie nicht damit aufhören. (Diäten funktionieren nie, solange man nicht die Ursachen für die Abhängigkeit angeht: nämlich das tiefe innere Gefühl der Angst und Wertlosigkeit, mit dem man identifiziert ist.) Anna Marias Scham wurde durch den extrem kritischen Vater verursacht. Dazu kam eine Mutter, die sich nicht gegen die Erniedrigungen durch ihren Ehemann wehrte, und auch Anna nicht beschützte. Als wir sie fragten, was sie an sich selbst verurteilt, sagte sie, sie würde ihren Körper hassen und sich als Mensch nutzlos fühlen. Sie sagte, sie habe sich immer als unattraktiv empfunden und kann sich nicht vorstellen, dass sie jemals geliebt werden könnte. Wenn sie in den Spiegel schaut, sieht sie nicht die intelligente Frau, die beruflich in einer leitenden Position ist. Sie sieht auch nicht, wie sehr sie von Kollegen und Freunden geschätzt und geliebt wird. Sie sieht nur, dass sie zu dick ist. Bei der Arbeit mit ihr haben wir ihr helfen können, die kleine Anna Maria zu sehen und zu verstehen, dass sie von ihrem Vater gedemütigt wurde und von der Mutter die Scham übernommen hatte. Noch wichtiger war, dass wir ihr helfen konnten mit der Verunsicherung umzugehen, die sie spürt, wenn sie abends alleine ist. Bisher versuchte sie immer dieses Gefühl der Unsicherheit mit Suchtverhalten zu betäuben. Wir konnten ihr zeigen, dass sie Verständnis für sich und diese Gefühle entwickeln kann, selbst beim Fernsehen mit Süßigkeiten. So gewinnt sie Abstand zu diesem Verhalten und erkennt, wenn der Körper signalisiert, dass es genug ist.

6. Wir richten unser Verhalten nicht an unserer inneren Wahrheit und Weisheit aus, sondern sind verantwortungslos, unberechenbar und unehrlich.

So ein Verhalten wirkt sich negativ auf unseren Selbstrespekt aus und auch auf unsere Beziehung. Wir sind in der Regel alle nicht hundert Prozent ehrlich, zuverlässig und verantwortungsvoll, aber wenn wir uns nicht wenigstens immer wieder bemühen, unser Verhalten zu ändern, dann beschädigen wir ernsthaft unseren eigenen Liebesfluß. Denn wer unehrlich ist, ist auch mit sich selbst unehrlich. Man sucht immer nach Rechtfertigungen und Ausreden, damit man sich weiter so verhalten kann und auf die eigene innere Wahrheit nicht hören muss. Inneres Wachstum ist so nicht möglich.

> Catherine ist eine liebenswerte 32-jährige Frau, die alle ihre Freunde irritiert, weil sie so unzuverlässig ist. Sie vergisst Verabredungen, hält Versprechen und Zusagen nicht ein, vergisst Rechnungen zu bezahlen und ihre Wohnung sieht aus, als hätte ein Orkan dort gewütet. Ihr Vorgesetzter schätzt sie als Sozialarbeiterin sehr, weil sie sich um die Menschen kümmert, mit denen sie arbeitet, aber auch er ist unzufrieden mit ihrem chaotischen Stil. Sie bemüht sich sehr, sich besser zu organisieren, aber es klappt irgendwie nie. Sie resigniert deshalb und sagt: „So bin ich eben." Aber ihre Lebensenergie und auch die Beziehung zu ihrem Partner ist dadurch stark beeinträchtigt.

Erst wenn uns bewusst wird, wie wir unsere Lebensenergie sabotieren, haben wir die Möglichkeit, etwas daran zu ändern. Das ist der erste Schritt. Es braucht Mut und Durchhaltefähigkeit, um schädliche Verhaltensmuster loszulassen. Nur wenn wir die Gedanken- und Verhaltensmuster erkennen, die dahinterstehen, und wenn wir irgendwann genug davon haben, unseren inneren „Flow" zu sabotieren, sind wir bereit etwas daran zu ändern.

Übung

Wie wir unsere eigene Lebensenergie und unseren Liebesfluss mit den zuvor genannten Strategien sabotieren:

1. Welche dieser Methoden wende ich in meinem Leben an?

2. Wie beeinflusst das meine Lebensenergie?

3. Habe ich Interesse daran, etwas zu ändern?

4. Welche konkreten Schritte wäre ich bereit zu tun, um etwas zu verändern?

„Es gibt zwei Wege zu leben: Entweder kann man in tiefem Schlaf bleiben, dann wirst du jeden Moment immer älter – jeden Moment stirbst du ein wenig mehr, und das war's dann. Dein ganzes Leben ist nur ein langsames Sterben. Oder du kannst Bewusstsein in dein Leben bringen und immer zu jeder Zeit aufmerksam sein, egal was passiert. Wenn du immer aufmerksam, wach und achtsam bist, wenn du das Leben von all seinen Seiten, mit allen Facetten kennenlernen willst, wenn du versuchst die Bedeutung hinter deinen Erfahrungen in ihrer ganzen Tiefe zu ergründen und versuchst das Leben intensiv und total zu erfahren - dann bleibt es keine oberflächliche Erfahrung. Dann verändert sich tief in deinem Inneren etwas. Du wirst achtsamer und wirst deine Fehler nicht mehr wiederholen."

Osho, Tao, The Three Treasures, #4

3. Innere Wunden transformieren, um den eigenen Love Flow wiederzufinden

Es gibt vier „Verletzungsstufen", durch die wir hindurch müssen, wenn wir den verlorenen Liebesfluss wiederfinden wollen. Um die Verletzungen nicht mehr spüren zu müssen, besetzen vier „Trancezustände" unser Bewusstsein. Dies ist wichtig zu wisssen, weil das Verständnis und die Arbeit mit diesen vier Verletzungsstufen notwendig ist, um eine gesunde Grundlage für Nähe und Intimität zu schaffen. Die Stufen zeichnen sich alle durch fehlende Selbstliebe aus, man ist überwältigt von innerer Leere und Einsamkeit und Ängste übernehmen die Kontrolle. Man wird misstrauisch gegen alle anderen und das Leben an sich.

In unseren vorherigen Büchern haben wir uns genauer mit den Wunden beschäftigt, die aus diesen Verletzungen stammen. Wir wollen sie in diesem Kapitel noch einmal kurz beschreiben und die Methoden aufzeigen, wie wir sie überwinden und transformieren können, damit sie nicht länger unser Leben dominieren und den Liebesfluss sabotieren können.

1. Der Verlust unserer Selbstliebe

Die erste Wunde, die wir uns ansehen, ist der Verlust der Selbstliebe. Eigentlich wollen wir *ein liebevolles Selbstwertgefühl aufbauen, in dem wir unsere Einzigartigkeit und Fähigkeiten wertschäzen und lernen unsere Wahrheit zu leben.* Einblicke in diese Wunde zu gewinnen, stärkt unsere Selbstliebe sowie die Fähigkeit für uns selbst und unsere Wahrheit zu stehen. Wir leben aber oft in einem Trancezustand, in dem wir uns als minderwertig und schambehaftet wahrnehmen. Dies spüren wir heute, wenn es einen Auslöser dafür gibt, wie Ablehnung, Versagen, Vergleichen, Selbstkritik, Sich-ausgeschlossen-Fühlen, oder wenn wir ganz automatisch aus alten Mustern heraus reagieren. Dazu kommt ein mangelndes Selbstwertgefühl, dessen Ursprung in frühkindlichen Erfahrungen liegt, etwa Leistungsdruck, hohe Erwartungen, Übergriffe, Vergleichen, Vernachlässigung und Misshandlungen, die in uns ein Selbstbild erzeugten, das nicht unserer eigentlichen Natur entspricht.

Dann wird unsere innere Erfahrung von einem Gefühl der Scham dominiert (das ist die tiefe Wunde der Unsicherheit und Wertlosigkeit) und wir versuchen das mit unserem Verhalten zu kompensieren. Wir wollen Erfolg, Aufmerksamkeit, Macht oder Status. Oder wir kollabieren und machen uns klein und verstecken uns, sind unsichtbar. Eine weitere Möglichkeit ist, dass wir versuchen, uns mit Süchten und Ablenkung zu betäuben, um die wahrgenommene Mangelhaftigkeit nicht spüren zu müssen.

Im Status der Scham ist unsere Lebensenergie stark eingeschränkt und bestimmt unsere Gedankenwelt mit negativen Urteilen, Verurteilung, Vergleichen und Verzweiflung, und das beeinflusst wiederum unser Verhalten. Oder wir suchen zwanghaft nach Aufmerksamkeit, Anerkennung und Bestätigung von außen und versuchen unsere Beziehungen entweder zu dominieren oder wir ordnen uns unter und akzeptieren Zurückweisungen und Respektlosigkeit.

Paula ist eine attraktive Frau, Mitte 40, die zu uns kommt, weil sie festgestellt hat, dass ihre Beziehungen zu Männern nicht funktionieren. Ihr Dilemma ist, dass sie nach einigen Verabredungen die Männer nicht mehr will oder die

Männer wollen sie nicht mehr. Als Geschäftsfrau ist sie erfolgreich und hat viele Mitarbeiter und nach außen wirkt sie selbstbewusst und zufrieden. Seit Jahren ist sie in Therapie und sie ist sich ihrer Wunden bewusst, aber sie kann sich nicht erklären, wieso ihre Beziehungen zu Männern immer im Desaster enden. Als wir das Thema genauer betrachteten, wurde klar, dass sie in Beziehung zu Männern nicht so selbstsicher ist wie in ihrem Beruf. Geht sie mit einem Mann aus, den sie bewundert und respektiert, verliert sie sich schnell selbst und fühlt sich so schüchtern wie ein Teenager. Bei nicht so charismatischen Männern, die selbst verunsichert sind, verliert sie den Respekt und neigt dazu, diese dann zu dominieren. Als Kind war sie der Liebling ihres erfolgreichen Vaters. Sie versuchte immer ihm zu gefallen und um seine Anerkennung zu erhalten, legte sie viel Wert auf Erfolg. Ihre Mutter verachtete sie, weil sie ein schwaches Opfer zu sein schien. Diese Kindheitserfahrung bewirkt, dass sie Verletzlichkeit als Schwäche ansieht. Wenn sie einen Mann bewundert, fällt sie zurück in die Kindheitsrolle mit ihrem Vater. Wenn sie einen Mann nicht respektiert, schaut sie auf ihn herab, wie ihr Vater es mit der Mutter getan hatte. Beide Verhaltensmuster kommen aus einem beschämten Selbstwertgefühl, das sich zwar hinter einer sehr erfolgreichen erwachsenen Persönlichkeit versteckt, aber ihre Beziehung zu Männern dominiert.

Scham wirkt wie eine starke Hypnose, die unser Verhalten steuert und verhindert, dass wir unseren inneren Liebesfluss wahrnehmen. Wenn wir dem nachgeben, entfernen wir uns immer weiter von unserer Essenz. Den Zugang zu unserem Liebesfluss finden wir nur wieder, wenn wir lernen, uns selbst anzunehmen und wertzuschätzen, wenn wir unsere Einzigartigkeit, unsere Fähigkeiten und Leidenschaftlichkeit, aber auch unsere Begrenzungen erkennen und respektieren.

Diesem Thema haben wir ein ganzes Buch gewidmet, in dem es Erklärungen und Übungen gibt, wie man diese Wunde der Scham heilen kann (*Liebe lernen, Band 2, Scham und Schock heilen, Innenwelt Verlag*).

Das Entscheidende ist, dass wir beginnen diesen verletzten Teil in uns zu erkennen und anzunehmen und auch zu sehen, wie sehr unser ganzes Denken, Fühlen und unser Verhalten davon beeinflusst wird. Außerdem ist es wichtig zu sehen, dass wir das nicht sind, sondern dass wir das erlebt haben. Dabei ist es hilfreich, unsere Aufmerksamkeit auf unser kreatives, lebendiges Selbst zu richten, dass wir regelmäßig körperlich aktiv sind und auch bereit sind, kleine Risiken einzugehen. Die Scham wird dann vielleicht nicht gleich verschwinden, aber sie hat uns nicht mehr so fest im Griff. Wir finden zu uns selbst zurück, werden kreativ und sind in der Lage das Leben nach unserer eigenen Wahrheit auszurichten.

2. Verletzungen durch Angst und Schock

Wir alle kennen Angst, denn wir sind alle empfindsame und verletzliche Lebewesen. Entscheidend ist unsere Einstellung dazu und wie wir damit umgehen, wenn sie auftaucht. Einen Weg zu finden, wie wir mit ihr in Würde und angemessen umgehen können, ist einer der wichtigsten Schritte zur Stärkung des inneren Liebesflusses.

Angst kann sich in sehr unterschiedlichen Formen zeigen. Es können körperliche Symptome sein, wie Verdauungsstörungen, erhöhter Herzschlag, Schwitzen, Anspannungen im Körper, Tinnitus oder Rückenschmerzen, aber auch unkontrollierbare Wutanfälle, chronische Reizbarkeit und Verstimmung, sexuelle Störungen, Konzentrationsschwäche, Probleme beim Einschlafen, Sprachstörungen, Verwirrung und Schreibschwäche. Sie kann sich auch in chronischer Unruhe, Angstzuständen oder gar Panikattacken zeigen.

> Raymond hat chronischen Tinnitus, Spannungen in der Schulter und Verstopfung. Er hat diese Symptome nie mit seiner tiefliegenden Angst oder einem Schock in Verbindung gebracht. Er dachte immer, dass es rein körperliche Symptome wären, die mit Medikamenten oder Physiotherapie behandelt werden müssten. Aber keine dieser Methoden führte zu einer Besserung. In den letzten Monaten begann er seine tiefliegenden Ängste zu erforschen und deren Einfluss auf seine Körperwahrnehmungen zu erkennen. Er konnte auch den Zusammenhang zwischen wiederholten physischen Misshandlungen durch seinen Vater erkennen, die er auch bei seiner Mutter mit ansehen musste.

Wenn du Angst spürst, versuche sie als Energie in deinem Körper wahrzunehmen und lerne sie anzunehmen. Lerne sie kennen und versuche nicht dich abzulenken oder sie wegzuschieben, sondern bleibe bei ihr. Es ist eine Art Einladung, die es dir ermöglicht, tiefer in dich hineinzusehen, daran zu wachsen und zu reifen, denn sie kann dir einem neuen Zugang zu deinem Liebesfluss geben. Aber wir fürchten uns so vor ihr, weil wir es uns nicht zutrauen, dass wir uns der Angst stellen können – wir befürchten von ihr überwältigt zu werden und dass sie nie aufhört. Wir haben vielleicht die Vorsterllung, dass wir sie längst überwunden haben sollten oder dass sie stärker wird, wenn wir sie zulassen.

Deshalb schützen wir uns in der Regel davor und glauben, dass mit uns was nicht stimmt. Wir suchen nach Ablenkung und vermeiden alles, was sie auslösen könnte. Wenn unser Bewusstsein von der Angst kontrolliert wird, können wir unser Leben so stark einschränken, dass es dumpf und bedeutungslos wird. Man fühlt sich dann als Opfer und lässt sich leicht von Kleinigkeiten einschüchtern. Die Frage, wie man mit Angst und Scham umgehen kann, behandeln wir in unserem vorhin genannten Buch *„Liebe lernen, Band 2, Scham und Schock heilen"*, und möchten hier ein paar Methoden daraus erwähnen:

Einer der wichtigsten Gründe, weshalb wir uns der Angst nicht stellen, ist, dass wir uns nicht hilflos fühlen wollen. Ein wichtiger Teil bei der Arbeit mit Angst ist, zu erkennen, dass man die Hilflosigkeit akzeptieren muss, wenn man die Dinge im Äußeren nicht verändern kann. Wir können dann vielleicht auch den Wert dieser Verletzlichkeit kennenlernen, denn irgendwann kommt ein Punkt in unserem Wachstum, wo wir erkennen, dass Traumata und Hilflosigkeiten aus der Kindheit wichtige Erfahrungen sind, die Tiefe und Reife erst ermöglichen.

Heute hingegen sind wir in der Lage, die Angst zu transformieren, indem wir sie in uns bewusst machen und uns auf die Körperwahrnehmungen einlassen, sie ohne Widerstand annehmen und sanft in sie hineinatmen. Das trifft auf alle Körperwahrnehmungen zu, auch auf die aktivierenden, wie Wut, Reizbarkeit, erhöhter Herzschlag, schwitzende Hände, Verkrampfung, flache Atmung, kreisende Gedanken, Schlaflosigkeit, Magenprobleme, Verstopfung oder Ruhelosigkeit. Es betrifft auch Schocksymptome, wie Starre oder Taubheitsgefühle, Verwirrung der Gedanken, Sprachlosigkeit, Bewegungsstarre und sexuelle Störungen. Wichtig ist, auf diese Körperwahrnehmungen zu achten und sich die negativen Glaubenssätze bewusst zu machen, die unsere Ausrichtung auf den Körper behindern, wie: „Das ist zu viel", „Das wird sowieso nie aufhören" und so weiter.

Wenn es uns gelingt, tief in sie hineinzuatmen, kommt es zu einer natürlichen Veränderung, zu tiefer Entspannung, Lebendigkeit und die Lebensenergie kehrt zurück. Es entsteht ein Gefühl der Selbstsicherheit und wir erkennen, dass wir jetzt nicht mehr das hilflose Kind sind, egal was in der Vergangenheit war.

Das Paradoxe an diesem Heilungsprozess ist, dass wir uns zuerst der Angst stellen müssen. Das stärkt nicht nur, wir kommen so auch aus dem Zustand der Hilflosigkeit heraus und lernen diese Gefühle zu akzeptieren. Dann erkennen wir, dass Verletzlichkeit und Zerbrechlichkeit zum Leben dazugehören und wir das große Ganze nicht kontrollieren können. Sehr viel Energie ist in der Angst selbst und in unserem Widerstand gegen sie gebunden. Um den Liebesfluss zu aktivieren, hilft es, die Angst anzunehmen. Wenn wir sie erkennen, sie fühlen und wenn wir uns ihr stellen, erleben wir Freude und Lebendigkeit und gewinnen Achtung und Respekt vor uns selbst.

3. Die Verletzungen durch Leere und Einsamkeit

Diese Wunde zeigt sich als tiefes Gefühl von Leere und Einsamkeit, es scheint etwas Essenzielles im Leben zu fehlen. Beim Arbeiten mit dieser Wunde liegt die Aufgabe darin, die Verbindung mit unserem inneren „Flow" zu erkennen, die nicht von anderen oder äußeren Quellen abhängig ist. Für unsere Beziehungen bedeutet das, sich für tiefe Verbindungen zu öffnen und bereit zu sein, dafür durch's Feuer zu gehen, auch wenn wir Schmerz und Frustration erleben oder wir nicht bekommen, was wir erwarten oder gerne haben würden. Es ist die Wunde, verlassen worden zu sein. Sie entsteht durch frühe Vernachlässigung, fehlende Verbindung, Präsenz, Wärme, Unterstützung, Anregung und nicht gesehen, gefühlt oder verstanden zu werden. Die Wurzel liegt aber noch tiefer – in dem Gefühl von der göttlichen Quelle abgeschnitten zu sein. Wir wachsen, wenn wir diese innere Verbindung wiederfinden.

Linda war überzeugt, dass sie mit Matthew die Liebe ihres Lebens gefunden hatte. Er war charismatisch, charmant, kommunikativ, attraktiv und finanziell gut situiert – kurz gesagt, der Mann ihrer Träume. Sie waren ein paar Monate zusammen und alles schien perfekt zu sein. Sie sind dann zusammengezogen, was bedeutete, dass sie bei ihm einzog, denn er hatte eine bessere und größere Wohnung. Aber es dauerte nicht lange bis es Probleme gab. Sie hatte das Gefühl, dass er zu viel arbeitete und nicht mehr so viel Zeit mit ihr verbringen wollte wie bisher. Sie hatten weniger Sex und er war nicht mehr so erfüllend wie früher. Dazu gab es auch Diskussionen wegen Geld und der Wohnung. Seiner Meinung nach würde sie finanziell nicht genug beitragen, und sie beschwerte sich, weil er bei der Einrichtung der Wohnung alles alleine entscheiden wollte. Langsam wurde ihr klar, dass er doch nicht der Mann war, für den sie ihn am Anfang gehalten hatte. Er war nicht offen und kommunikativ, sondern eher verschlossen und grübelte viel. Er war nicht so charmant und großzügig, sondern kontrollierend und egoistisch. Ihre Vorstellung von ihm veränderte sich vollkommen und sie nahm sich selbst auch anders wahr als früher. Sie fühlte sich innerlich nicht mehr fröhlich und heiter, sondern leer und bedürftig. Sah sich nicht mehr als starke, attraktive Frau, sondern fühlte sich immer mehr wie ein regrediertes Kind. Am Ende gelang es ihnen nicht, die Probleme zu lösen, und sie trennten sich. Was Linda machte, nennen wir „Verlassenheits-Shopping". Sie suchte im Außen nach sich selbst, um ihre innere Leere nicht spüren zu müssen. Das geht nie gut, denn wir suchen dann die Nähe der anderen, um vor uns selbst zu flüchten. Wir sind dann nicht in der Lage zu sehen, dass es auch eine Chance sein kann, den inneren Schmerz zu spüren, über das, was bei der Verbindung fehlt. Es ist nämlich eine Gelegenheit, um auf die innere Reise zu gehen und uns im Inneren mit dem zu verbinden, was uns fehlt. Linda konnte diesen Schmerz nicht nutzen, um daraus zu lernen, sondern wollte von außen gerettet werden. Tatsächlich konnten beide diese Gelegenheit nicht für ihr inneres Wachstum nutzen.

Wenn unser Leben von dieser Wunde dominiert wird, glauben wir, dass unser Glück von äußeren Umständen abhängt, so wird unser *Love Flow* blockiert, denn wir glauben, dass unser Wohlergehen von anderen abhängt oder dass das Leben uns so behandeln müsste, wie wir es uns wünschen und erwarten. Diese Wunde zeigt sich mit ihrer ganzen schmerzhaften Abhängigkeit in der Regel, wenn wir uns auf eine enge Beziehung eingelassen haben. Wenn wir uns tief mit jemandem verbunden fühlen, wenn jemand für uns enorm wichtig geworden ist, dann wird dieser innere Hunger nach einer tiefen Verbindung geweckt. Ansonsten ist er gut versteckt und zeigt sich erst, wenn wir unserem Herzen erlauben, eine Verbindung einzugehen.

Es kommt zu einer tiefgreifenden Veränderung in uns, wenn wir erkennen, dass wir niemanden und gar nichts von außen brauchen, um Erfüllung, Frieden und innere Zufriedenheit zu finden. Wir können uns tatsächlich selbst ein Licht sein.

In unserem Buch *„Liebe Lernen, Band 1, Verletzlichkeit zulassen – Verlassenheitsängste heilen"* gibt es weitere Erklärungen und Übungen, wie man mit dieser Wunde umgehen kann.

4. Die Verletzungen durch Misstrauen

Viele von uns haben im Laufe der Zeit ein tiefes Misstrauen gegen andere und das Leben an sich entwickelt. Oft haben wir in der frühen Kindheit die Erfahrung gemacht, dass unser Urvertrauen gebrochen und unsere kindliche Unschuld ausgenutzt wurden. Wenn solche Erfahrungen unser Herz beeinträchtigen, kommt man bei der kleinsten Verletzung, Unachtsamkeit, fehlender Beachtung oder Respektlosigkeit zu dem Schluss, dass man anderen und dem Leben nicht vertrauen kann.

Weil unser Misstrauen so leicht provoziert werden kann, bauen wir einen kräftigen Panzer um uns herum, der unser Leben bestimmt. Er besteht aus Erwartungen, Kontrollmechanismen, Rückzug oder Angriff, mentalen Konzepten, Anschuldigungen, Beschwerden oder Anpassung. In Beziehungen wird das Thema Vertrauen oder Misstrauen noch etwas komplizierter.

Denn wenn sich unser Herz zu Beginn der Beziehung öffnet, glauben wir, das sei Vertrauen. Das entspricht aber nicht der Realität, denn in der ersten Phase einer Beziehung wirken eher die Fantasie, Projektionen, Überhöhungen, die entstehen, weil der andere sich so verhält, wie wir es uns wünschen. Dieses Vertrauen wird auf die Probe gestellt, sobald wir Enttäuschung, Frustration oder Untreue erleben, denn diese Themen berühren Wunden aus der Vergangenheit.

Anna geht davon aus, dass man Männern nicht vertrauen kann. Ihrer Erfahrung nach sind sie nur an oberflächlichen Beziehungen interessiert, unehrlich und unzuverlässig. Aber sie hätte sich in ihrer letzten Beziehung wirklich geöffnet, sagte sie, und darauf vertraut, dass es mit diesem Mann anders sein würde. Am Anfang war das auch eine Weile so. Er hatte ihr aber von vorne herein gesagt, dass er nicht an einer langfristigen Beziehung interessiert sei. Als er sich dann zurückzog, ihre Nachrichten nicht mehr gleich beantwortete und die Verbindung beendete, fühlte sie sich verraten und ihr Misstrauen in die Männer wurde bestärkt. Sie war am Anfang nicht in der Lage gewesen, seine Signale zu verstehen und wollte es auch nicht glauben, als er ihr sagte, dass er andere Vorstellungen hätte als sie.

Es gehört zu den großen Herausforderungen im Leben, aus schmerzhaften Erfahrungen zu lernen und zu verstehen, dass wir sie als Chance zum Wachsen nutzen können. Das geht, wenn wir nicht den anderen oder dem Leben die Schuld geben und immer wieder unser Misstrauen bestätigen. Denn man kann solche Situationen nutzen, um tiefer nach innen zu schauen, ohne dem Leben oder unserem Partner die Schuld zu geben.

In unserem Buch *„Vertrauen ist gut, Selbstvertrauen ist besser – Wege aus der Enttäuschungsfalle“* haben wir diese Reise durch die Wunde des Misstrauens behandelt.

Transformation kann beginnen, wenn wir uns ehrlich anschauen, wodurch unser Misstrauen heute ausgelöst wird, wohlwissend, dass das auch wirklich passieren wird. Wenn wir erkennen, wie die heutigen Auslöser direkt mit den Erlebnissen aus der Vergangenheit zusammenhängen, dann haben wir tatsächlich eine Wahl. Wir können ganz bewusst entscheiden, ob wir zulassen wollen, dass diese Auslöser unsere Befürchtungen bestärken oder ob wir daran wachsen wollen. Vertrauen zurückzugewinnen ist eine große Herausforderung für unser Wachstum, aber es liegt an uns. Denn es ist nicht die Aufgabe der anderen oder des Lebens, uns vor Schmerzen zu bewahren. Wenn wir uns daran erinnern, können wir in Situationen, die herausfordernd sind, positiv nutzen und es wird uns möglich sein, so den inneren *Love Flow* zu stärken.

Schauen wir zurück auf die drei Wunden, die wir besprochen haben: *Angst, Scham* und *Verlassensein.* Hier hilft es zu verstehen, wann der Liebesfluss in uns auf die Probe gestellt wird: bei Ablehnung, Kritik von außen oder von innen, bei Dingen, die uns Angst machen, aber auch durch ein beständiges inneres Grundgefühl der Angst und Unsicherheit.

Catherine streitet sich oft mit ihrer Familie und den Freunden. Ihr letzter Partner meinte, sie sei eine Nervensäge und hat sie verlassen. Sie beschwerte sich in unserem Seminar, dass sie keine Beziehungen zu anderen Menschen haben könnte, weil sie keiner verstehen würde. Als Kind wurde sie von ihrer Mutter abgelehnt, die eigentlich keine Kinder haben wollte und auch unglücklich mit ihrem Ehemann war. Sie wollte nicht so viel Zeit und Aufmerksamkeit für das Kind aufbringen. Inzwischen denkt Catherine, dass sie sich nie von der Scham und dem Verlassenheitsgefühl ihrer Kindheit erholen wird und nie in der Lage sein wird, dem Leben und der Liebe zu vertrauen. Aber manchmal geschehen auch Wunder, denn sie kam trotzdem zu unserem 10-tägigen Seminar in Sedona, wo sie täglich Sitzungen nahm und lange Spaziergänge in der wunderbaren Natur dieser Gegend machte. Anfangs fragte sie sich zwar, weshalb sie überhaupt gekommen war, denn sie glaubte nicht, dass die Arbeit mit uns etwas an ihrer Lage ändern könnte. Im Laufe dieser Woche ist dann aber doch etwas Erstaunliches passiert, als sie langsam erkennen konnte, dass sie für ihr Leiden selbst verantwortlich war. Sie erkannte, dass sie nicht ihr ganzes Leben lang sich selbst und das Leben so behandeln musste, wie es ihre Mutter mit ihr getan hatte. Sie hatte die Wahl, was sie aus ihrem Leben machen wollte und konnte ihr Leben in die eigene Hand nehmen, ihrer Mutter vergeben und vergessen. So lernte sie ihre eigenen Fähigkeiten, ihre Intelligenz und Energie zu schätzen. Das veränderte ihr Bild von sich selbst und dem Leben an sich komplett. Jetzt ist es ein paar Monate her und ihr Leben hat sich völlig verändert und auch die Beziehung zu ihren Freunden und Klienten veränderte sich grundlegend.

Es kommt nach unserer Erfahrung zur Transformation, wenn jemand wie Catherine sich auf die innere Arbeit einlassen kann und trotz aller Niederlagen nicht aufgibt.

Übung

Wir betrachten die vier Verletzungen, von denen wir gesprochen haben: Scham, Angst, Leere und Misstrauen.

Frage dich:

1. Was glaube ich, wieso bin ich mangelhaft? Wodurch wird das Gefühl ausgelöst? Wie fühlt es sich an, wenn ich in diesem Zustand bin, und wie vermeide ich ihn?

2. Wie zeigt sich Angst in meinem Leben? Wodurch wird sie ausgelöst, wie nehme ich sie wahr und wie vermeide ich dieses Gefühl?

3. Wie erlebe ich Einsamkeit und innere Leere und wodurch wird sie ausgelöst? Was mache ich, wenn sie ausgelöst wird, und wie fühlt es sich an, wenn ich das Gefühl zulasse?

4. Welche Gefühle des Misstrauens habe ich gegenüber anderen, der Liebe und dem Leben an sich? Wie zeigt sich das Misstrauen in meinem Leben und was mache ich, wenn es ausgelöst wird?

Frage: „Ich habe mein ganzes Leben damit verbracht, jemanden zu suchen, der mich wirklich liebt und auch meine Liebe ganz annehmen kann. Aber meine Versuche waren immer ein totaler Reinfall und inzwischen fühle ich mich verzweifelt und abgelehnt. Was mache ich falsch? Wie kann ich denn die Liebe in mir finden? Wie kann ich mir selbst begegnen und mich selbst wirklich lieben?"

„Dein erster Schritt ist falsch und dadurch geht die Reise in die falsche Richtung. Dein Ansatz ist, jemanden zu finden, der dich wirklich liebt – da liegt der Fehler. Denn entscheidend ist, ob du dich selbst liebst. Erst wenn du dich selbst liebst, wirst du auch ganz viele andere finden, die dich lieben. Nur wenn man sich selbst liebt, wird man liebevoll und liebenswert, man gewinnt dann an Würde und Anmut. Wenn man sich nicht selbst liebt, bleibt man hässlich, denn wenn man sich nicht liebt, ist Hass da. Es gibt keine Alternative dazu, man kann nicht einfach nur neutral sein."

Osho, Philosophia Perennis, Vol. 2, #9

II. Teil

Wie der Love Flow mit anderen verloren geht und wie wir ihn wiederfinden

4. Beziehungen als Spiegel

Wie wir gesehen haben, sabotieren wir unseren Love Flow – können ihn aber auch selbst wiederherstellen. Dann können wir einen weiteren Schritt machen und uns ansehen, wie wir Nähe erlauben und halten können. In einer idealen Welt würden wir alle als Kinder in eine „Liebesschule" gehen, um zu lernen, wie wir uns selbst lieben und respektieren können, und auch wie man mit anderen liebevolle Beziehungen haben kann. Dann könnten wir bewusst Liebesbeziehungen eingehen; aber das ist nun mal nicht der Fall. Im Gegenteil, wir verlieben uns aufgrund von Traditionen, Attraktion und/oder weil wir eine Bezugsperson brauchen und wir hoffen und beten, dass es schon irgendwie klappen wird.

Es gibt aber ein paar grundlegende Erkenntnisse, die uns helfen können, bewusste Beziehungen einzugehen:

1. Der andere ist ein Spiegel und die Partnerschaft ist ein Weg, um zu wachsen und viel über sich selbst zu lernen.

2. Sich der Angst vor Nähe bewusst stellen und sich nicht weiter unbewusst hinter Dramen, Vermeidungsstrategien und Konflikten verstecken.

3. Unsere Verhaltensmuster zu erkennen, die unsere Liebe jetzt zerstören.

4. Den Einfluss von Projektionen auf unsere Liebesbeziehungen erkennen.

Wenn wir uns tief für jemanden öffnen, können wir die Gefühle und Reaktionen unseres Partners nutzen, um bestimmte Aspekte *unserer eigenen Persönlichkeit* zu erkennen. So können wir unsere tiefsten Sehnsüchte, unerfüllten Bedürfnisse und Erwartungen sehen. Aber manchmal kann der Spiegel der Beziehung in seiner Reflexion sehr konfrontativ sein.

Bei unserer Arbeit sprechen wir von „Spaltung" – eine Trennung zwischen zwei Teilen, die keine innere Verbindung miteinander haben. Das spiegelt sich in unserer Beziehung zum Partner. Wir bekommen den Teil zu sehen, mit dem wir am wenigsten in Kontakt sind. Man kann das als Einladung nutzen, um auch diesen Teil kennenzulernen und zu integrieren, aber sehr oft wird diese Spiegelung abgelehnt und verurteilt.

Die eine Seite der Spaltung nennen wir „das funktionale Selbst" und die andere Seite „das verletzliche Selbst".

Das funktionale Selbst

Das funktionale Selbst ist der rationale, handlungsbereite, aktive, leistungsfähige und ehrgeizige Teil in uns. Seine Wurzeln liegen in den Überlebensstrategien, um mit den Schmerzen, der Scham und der Angst unserer Kindheitstraumata zurechtzukommen.

Das gilt es nicht zu verwechseln mit der Freude an Kreativität, der eigenen Lebendigkeit und dem Wunsch nach Teilhabe. Im Gegenteil, das funktionale Selbst ist so sehr auf „Überleben um jeden Preis" fokussiert, dass es dafür auch diese essenziellen Qualitäten benutzt – auf Kosten unserer Empfindsamkeit. Dann werden wir fordernd, unfreundlich, aggressiv, ungeduldig und sind konkurrenzorientiert. Aus diesem Grund haben wir uns schon sehr früh mit diesem funktionalen Teil identifiziert und den verletzlichen Teil weit weggeschoben. Hier ein Beispiel:

> Andre ist ein erfolgreicher Chirurg, der sich sehr in seinem Beruf engagiert. Vor ein paar Jahren begann er, sich für innere Arbeit zu interessieren und hat einige unserer Seminare besucht, auch das Somatic Experience Training, um mehr über Schock und Trauma zu lernen. Er ist zwar in einer romantischen Beziehung zu einer Frau, die ihm wichtiger ist als seine vorherigen Frauenbeziehungen, aber trotzdem bleibt er auf Distanz und ist eher zurückgezogen. Er ist irritiert, weil sie sich immer wie ein verwöhntes Kind bei ihm beschwert.
>
> „Wie fühlst du dich dabei?", fragen wir ihn.
>
> „Ich fühle nichts. Ich wünschte nur, dass sie erwachsen wird."
>
> „Macht dich das wütend?"
>
> „Ein wenig, aber nicht so sehr."
>
> Bemerkenswert ist bei Andre, dass sein Blick oft abwesend ist, und er lange Pausen macht, wenn wir ihn etwas fragen. Die Spaltung ist bei Andre ziemlich ausgeprägt.
>
> Sein funktionales Selbst ist sehr erfolgreich, selbstbewusst und kompetent, aber sein verletzliches und verletztes Selbst ist in einem tiefen Schockzustand. In Beziehung zu anderen fühlt er sich dumpf und getrennt von ihnen und oft verliert er die Motivation und Freude am Leben.
>
> Wir baten ihn, sich einen anderen Teil von sich vorzustellen, und zwar einen kleinen Jungen, der an seiner Seite sitzt.
>
> Wir fragten ihn, wie er den Jungen wahrnimmt.
>
> „Er ist erstarrt, still und kann nicht sprechen", war seine Antwort.
>
> „Was empfindest du für diesen kleinen Kerl?" fragten wir ihn.

„Eigentlich habe ich keine Zeit für ihn. Wenn ich mich mit ihm beschäftigen würde, wird er mich von der Arbeit ablenken."

Wenn wir stark mit unserem funktionalen Selbst identifiziert sind, wollen wir uns nicht von unseren Zielen ablenken lassen. Wir verurteilen unsere Emotionen und werden ungeduldig, denn wir empfinden sie als Schwäche und Ablenkung. Bei diesem Ungleichgewicht wird man schnell müde und erschöpft, denn wir haben die Verbindung zur Quelle unserer Lebensenergie verloren und respektieren unsere physischen Grenzen nicht. Es können sich auch körperliche Symptome, wie Ruhelosigkeit, Schlaflosigkeit oder sogar Depressionen entwickeln. Unsere negativen Urteile richten sich entweder gegen andere oder gegen uns selbst. Wenn wir uns so stark mit unserem funktionalen Selbst identifizieren, richten wir unsere gesamte Energie, den ganzen Fokus, unsere Wertvorstellungen und die Suche nach Anerkennung daran aus. Wenn es uns aber gelingt, diesen Teil und den Teil des verletzlichen Selbst zu integrieren, kann daraus eine Quelle der Stärke, des Selbstvertrauens, des Mutes und der Integrität werden.

Das verletzliche Selbst

Wir hatten ja schon über die verschiedenen verwundeten Zustände gesprochen und kommen nun auf diesen Aspekt in uns zurück, um zu verstehen, wie es zu dieser Spaltung in unserer Partnerschaft kommen kann. Wir haben gesehen, dass unser verletztes Selbst unsere empfindsame Seite ist. Wenn dieser Teil die Kontrolle übernimmt, sieht es so aus, als wäre man überemotional, süchtig, aufschiebend, reaktiv, unverantwortlich, jammernd, chronisch kränkelnd, kollabiert oder man neigt zu Unfällen.

Wenn wir sehr mit dem verletzten Selbst identifiziert sind, werden wir leicht überwältigt von Unsicherheit oder Angst, die sich zur Panik entwickeln kann. Das Leben erscheint dann generell sehr unsicher und deshalb suchen wir nach Sicherheiten und hängen an vertrauten Gewohnheiten. Wir vermeiden Risiken. Aber so können wir nicht wachsen oder uns gegenüber dem Leben öffnen; man neigt dann eher zu Depressionen.

Ist dieser Teil von uns im Gleichgewicht – mit einem gut entwickelten und mitfühlenden funktionalen Selbst, kann er uns Empfindsamkeit, Tiefe, Geduld, Vertrauen, Freude und Spaß am Leben bescheren. Wenn wir stärker mit der einen oder anderen Seite identifiziert sind und mehr in der einen oder anderen Seite leben, werden wir feststellen, dass wir gerne Beziehungen zu Partnern oder Freunden suchen, die mehr mit der Seite identifiziert sind, die uns entgegengesetzt ist.

> Bei Markus und Anna zeigt sich diese Polarität stark. Er würde gerne mit ihr Abenteuer in der Natur erleben, aber sie ist ängstlich und findet es bequemer, zu Hause zu bleiben. Er soll aber auch nicht alleine seinen sportlichen Abenteuern nachgehen, weil sie nicht gerne alleine ist.
> Im Büro beschweren sich seine Angestellten, er wäre zu fordernd und bewertend, und dass er immer angespannt ist. Er ist ungeduldig und besonders wenn mal was nicht klappt, wird er einschüchternd, weil er hohe Erwartungen an sich und die anderen hat. In der Beziehung ist Markus übermäßig mit seinem funktionalen Selbst und Anna viel mehr mit ihrem verletzlichen und ängstlichen Teil identifiziert.

Je größer diese Spaltung in uns selbst ist, desto größer wird sich diese Polarität auch in unseren Beziehungen zeigen. Unser funktionales Selbst sucht sich gerne einen unsicheren und ängstlichen Partner, um den man sich kümmern kann. Am Ende wird man erschöpft sein und ihn nur noch ablehnen und ihn abwerten. Auf der anderen Seite sucht sich unser verletzliches Selbst gerne einen funktionalen Partner, in der Hoffnung und Erwartung, gerettet zu werden. Das führt am Ende dazu, dass wir nur noch Ablehnung und Wut empfinden, weil wir feststellen, dass wir unsere Kraft verloren haben.

Wenn uns diese beiden inneren Teile bewusst werden, die sich in unseren Beziehungen zeigen, und wir dann den Teil von uns integrieren können, der uns nicht so vertraut ist, kann das zu einer großen Inspiration für unsere Beziehung werden. Verstehen wir diesen Zusammenhang nicht, können sich unsere Beziehungen zu endlosen Dramen, voller Schmerz und Leid entwickeln.

Patricia und Leon sind seit acht Jahren zusammen. Sie ist eine erfolgreiche Anwältin und er ist Coach, der gerade dabei ist seine eigene Praxis aufzubauen. Er beschwert sich, weil sie nie Zeit hat. Sie ist immer beschäftigt und geht gern mit anderen aus, damit sie ihre Zeit nicht mit ihm verbringen muss. Patricia beschwert sich, dass Leon zu emotional und empfindsam sei. Es stört sie, denn sie glaubt, dass er sich zu sehr mit seinen „Problemen" beschäftigen würde. Es ist ganz klar, dass Patricia in ihrem täglichen Leben mehr mit ihrem funktionalen Selbst identifiziert ist. Leon ist mehr mit seiner Verletzlichkeit und seinen Wunden verbunden und es ist nicht leicht für ihn, beruflich erfolgreich zu sein. Bei der Sexualität kommt Patricia dann mit ihrem verletzten Selbst in Kontakt. Während Leon gerne mehr Sex hätte, findet Patricia Ausreden, um das zu vermeiden. So wurde Leon immer frustrierter und sie beschlossen, zu uns zu kommen, um sich helfen zu lassen. Wir schauten uns das Thema zusammen an und fanden heraus, dass Patricia immer sehr empfindsam ist, wenn sie mit männlicher Energie in Kontakt kommt. Sie ist durch ihren aggressiven Vater traumatisiert und sie erkennt, dass sie beim Sex immer dissoziiert und dann ihren eigenen Körper und ihre

Bedürfnisse nicht mehr wahrnehmen kann. Beim Sex mit Leon fühlt sie sich wie erstarrt und macht sich dann Vorwürfe, dass sie nicht sinnlich und leidenschaftlich genug wäre. Aus diesem Grund vermeidet sie Sex. Zum Glück ist sie bereit, ihren tiefen Schockzustand zu erforschen und stellt fest, dass sie Leon jetzt näherkommen kann und seine Empfindsamkeit nicht mehr so kritisch sieht. Auf der anderen Seite sieht Leon, dass ihn Patricias Fähigkeiten, ihre Selbstsicherheit und praktische Durchsetzungskraft inspirieren können und er von ihr lernen kann.

Jede dieser abgespaltenen Seiten hat schöne und wertvolle Qualitäten und deshalb ist es so wichtig, sie zu integrieren. Es wird zu einem Problem, wenn wir die Balance verloren haben und zu sehr nach der einen oder anderen Seite tendieren, denn dann verlieren wir die positiven Qualitäten von beiden Seiten.

Es kann zur Transformation kommen, wenn wir bereit sind nach innen zu schauen und alle Provokationen oder Reaktionen der anderen nutzen, um uns selbst besser kennenzulernen.

Wenn Partner oder Freunde etwas in uns auslösen, beginnen wir vielleicht zu sehen, dass man die Auslöser und unsere Reaktion darauf nutzen kann, um tiefer mit sich selbst in Kontakt zu kommen. Es kann uns helfen, Teile von uns zu erkennen, die uns vorher nicht bewusst waren, und das betrifft besonders die Aspekte von uns, die wir verurteilen und unterdrücken.

Es kann zum Beispiel sein, dass wir glauben offen und verletzlich zu sein, wenn wir uns mitteilen, aber unser Partner oder Freund sich verschließt, wütend wird oder nicht mehr zuhört. Das sind in der Regel Anzeichen dafür, dass wir nicht so offen sind, wie wir glauben. Es kann sein, dass wir dem Partner Vorwürfe machen oder wir wollen, dass er sich ändert. Das ist nicht immer so einfach zu durchschauen.

Zusammenfassend kann man sagen, dass wir unsere Beziehung als Spiegel nutzen können, um die Teile zu integrieren, die abgespalten sind.

Übung

Frage dich:

. Was ist für mich im Leben wertvoller und wichtiger: produktiv und effizient zu sein oder sind meine Gefühle, Ängste und Unsicherheiten wichtiger?

. Werde ich ungeduldig, wenn ich selbst oder andere uneffizient, ängstlich oder unsicher sind?

. Verurteile ich Menschen, die ich als unsensitiv empfinde und die nicht mit ihrer Verletzlichkeit verbunden sind?

. Gibt es bei mir ein Muster, dass ich Partner und Freunde anziehend finde deren funktionales Selbst gut entwickelt ist, die aber von ihrer Verletzlichkeit und ihren Gefühlen abgespalten sind?

. Oder kenne ich das Muster, dass ich Menschen anziehend finde, die mit ihren Ängsten und Unsicherheiten vertraut sind, aber nicht so gut in der Welt zurecht kommen?

„Alle Beziehungen sind wie ein Spiegel und je reiner die Liebe ist, je weiter sie entwickelt ist, desto besser und reiner ist der Spiegel. Aber für die entwickelte Liebe muss man offen und verletzlich sein. Man muss seinen Panzer aufgeben, und das ist schmerzhaft. Man muss aufhören, immer misstrauisch zu sein. Man muss sich von dem berechnenden Verstand lösen und bereit sein Risiken einzugehen, und man darf die Gefahren im Leben nicht scheuen. Der Andere könnte dir wehtun – das ist die Gefahr, wenn man verletzlich ist. Der Andere könnte dich zurückweisen – das ist die Angst, wenn man liebt. Was sich von uns im Anderen spiegelt, könnte hässlich sein – das ist unsere Furcht. Deshalb vermeidet man den Spiegel. Aber den Spiegel zu vermeiden, macht dich nicht schöner. Wenn man der Situation ausweicht, kann man auch nicht daran wachsen. Deshalb sollte man die Herausforderung annehmen und sich auf die Liebe einlassen. Das ist der erste Schritt, auf Gott zuzugehen, und darum kommt man nicht herum. Wer versucht, den Schritt in die Liebe zu umgehen, wird niemals Gott erreichen können. Es ist absolut notwendig, denn du kannst dir nur über deine eigene Ganzheit bewusst werden, wenn dich die Präsenz des Gegenübers provoziert. Erst wenn deine Präsenz durch die Präsenz des Anderen provoziert und stimuliert wurde, kannst du aus deiner narzisstischen Verschlossenheit herauskommen und unter den offenen Himmel treten.“

Osho, The Secret # 2

5. Die Angst vor Nähe

Unsere Klienten erzählen oft, dass sie sich eine Liebesbeziehung wünschen und nicht verstehen, wieso es nicht klappt. Um das zu verstehen, müssen wir zuerst unsere bewussten und unbewussten Ängste kennen, die verhindern, dass wir Nähe und Intimität zulassen. In der Regel sind wir uns dieser Ängste nicht bewusst, sondern glauben, dass wir nur noch nicht die „richtige Person" gefunden haben. Solange wir uns diese Ängste nicht ansehen, werden wir alles vermeiden, was uns einem Menschen näherbringen könnte. Manchmal verhindern sie, dass wir überhaupt jemandem näherkommen und manchmal kommen sie erst hoch, wenn wir jemandem schon nahe sind. Das liegt daran, dass der unbewusste Hunger nach Nähe frühe Traumata berührt und sich die Ängste dann zeigen. Mit diesem Hunger nach Nähe und den Ängsten gehen wir aber nicht auf eine gesunde und transformierende Art um, sondern verstecken sie hinter subtilen Machtstrategien und festen Glaubenssätzen.

Wie wir versuchen unsere Ängste zu verbergen

- Indem wir daran festhalten, dass wir unsere Freiheit verlieren würden, wenn wir Nähe zulassen, denn der andere will uns eigentlich nur kontrollieren, manipulieren oder besitzen.

- Vielleicht sind wir lieber mit Mehreren zusammen, weil sich das sicherer anfühlt und aufregender ist.

. Wir suchen uns immer ungleiche Partner. Dann ist der eine entweder Elternteil, Lehrer, Guru oder Therapeut und der andere ist Kind, Schüler, Anhänger oder Klient.

. Wir glauben und erleben es vielleicht auch wirklich so, dass wir einfach niemanden finden, der erwachsen, empfindsam oder bewusst genug für uns ist. Wenn wir dann jemandem begegnen, der als Partner infrage käme, verstecken wir uns hinter negativen Werturteilen.

. Vielleicht suchen wir jemanden, der uns retten kann, oder jemanden, der selbst gerettet werden möchte, oder wir fühlen uns zu Menschen hingezogen, die wir nicht haben können.

Wie wir versuchen unsere Ängste zu verbergen, wenn wir in einer Beziehung sind

. Wir vertiefen uns vielleicht in die Arbeit oder andere Ablenkungen, damit wir nicht offen bleiben und uns unseren Ängsten nicht stellen müssen.

. Wir lenken uns mit Dramen und Machtspielen ab und vermeiden es, unsere Verletzlichkeit zu zeigen.

. Wir denken, dass unsere Erwartungen erfüllt werden sollten, sind fordernd, kontrollierend, wütend, launisch und wenden uns ab, wenn wir nicht bekommen, was wir wollen.

Dazu ein paar Beispiele aus unserer Arbeit

Stephen ist überzeugt, dass die Frauen ihn nur kontrollieren, manipulieren und besitzen wollen. Wenn er einer Frau begegnet, die als Partnerin infrage käme, bleibt er auf Distanz, damit sie nicht wichtig für ihn werden kann, und so spürt er seine Ängste vor Nähe erst gar nicht.

Paul behauptet, er sei wirklich offen für die Liebe, aber er findet ein monogames Leben spießig und glaubt, dass Polygamie viel kreativer und lebendiger ist. Silvia, seine Partnerin, war am Anfang der gleichen Meinung und experimentierte mit mehreren Partnern, aber jetzt hat sie genug davon und vermisst eine tiefere Beziehung mit ihm.

Liliana ist überzeugt, dass sie niemanden finden kann, der reif genug und weit genug entwickelt ist. Sie glaubt, alle Männer sind oberflächlich und interessieren sich nur für Sex. Sie richtet ihre ganze Aufmerksamkeit darauf, was am anderen falsch ist, und nimmt so ihre eigenen Ängste nicht wahr.

Mark und Karen streiten sich ständig und sind beide überzeugt, dass der andere im Unrecht ist. Durch das ständige Drama sind beide abgelenkt und müssen die Angst verletzt zu werden nicht spüren, die, wenn sie sich näherkämen, auftauchen würde.

William nutzt seinen Wohlstand als Macht und um die Kontrolle zu haben. Er ist es gewohnt, dass er bekommt, was er haben möchte. Seine Beziehungen bleiben oberflächlich und er fühlt sich einsam. Sein Schmerz ist aber noch nicht groß genug, sodass es ihn motivieren könnte, sich selbst genauer zu erforschen. Er will das Risiko nicht eingehen, sich zu öffnen.

Dies sind einige der gängigen Methoden, wie wir unsere Ängste vor tiefen und nahen Verbindungen verbergen. Es ist eben leichter, bei seiner Verteidigungsstrategie zu bleiben, als sich gegenüber jemandem zu öffnen, denn so müssen wir uns selbst und dem anderen nicht eingestehen, wie ängstlich und verunsichert wir im Inneren wirklich sind.

Vielleicht haben wir auch schon so lange mit unseren Verteidigungsstrategien gelebt und merken nicht mehr, dass es sich um eine Verteidigung handelt, hinter der sich unsere Ängste verbergen. Wir spüren vielleicht nur, dass etwas fehlt, oder dass es schmerzt und nicht wirklich klappt, wenn wir uns mal auf tiefe Nähe einlassen wollen.

Es gibt fünf Hauptängste vor intimer Nähe:

1. **Angst vor Verlust und Ablehnung**
   Diese Angst stammt aus der Wunde, einmal verlassen worden zu sein. Sie zeigt sich immer, wenn wir es erlauben, dass uns jemand näherkommt.

2. **Angst sich zu zeigen**
   Diese Angst stammt aus der Wunde der Scham. Wenn wir mit dieser Wunde stark identifiziert sind, wollen wir auf jeden Fall vermeiden, unsere Unsicherheit zu zeigen.

3. **Angst sich selbst zu verlieren**
   Diese Angst stammt auch aus der Wunde der Scham. Wenn wir kein gutes Selbstwertgefühl haben und uns jemand näherkommt, beginnen wir uns anzupassen, Kompromisse einzugehen und fühlen uns minderwertig.

4. **Angst vereinnahmt zu werden und seine Freiheit zu verlieren**
   Diese Angst entsteht, wenn wir uns nicht abgrenzen dürfen und uns immer für alle verantwortlich fühlen, die uns nahestehen. Das ist dann der Fall, wenn unsere Grenzen in der Vergangenheit nicht respektiert wurden.

5. **Angst vor Langeweile**
   Diese Angst zeigt sich, wenn wir ständig Aufregung und stets neue Erlebnisse brauchen, auch wenn uns jemand näher kommt.

Die Wurzeln dieser fünf Ängste liegen in frühkindlichen Traumata. Sie beeinflussen uns bis heute, denn sie kontrollieren unsere Gedanken, Gefühle und unser Verhalten.

Wenn wir uns diesen Ängsten stellen und ihnen nicht mehr ausweichen, ist eine tiefe Liebesbeziehung sehr hilfreich, sofern es uns gelingt, dabei zu bleiben. Menschliche Nähe hilft, um durch diese Ängste hindurchgehen zu können. Dann können wir lernen, unsere Wunde des Verlassenseins und der Scham zu zeigen. Wir lernen unsere eigenen Grenzen kennen und respektieren und stehen für uns und unsere Individualität ein.

Der beste Weg diese kostbaren Lektionen des Lebens zu nutzen, ist einem anderen Menschen zu erlauben, näherzukommen, und ihn oder sie so nahekommen zu lassen, bis wirklich eine tiefe Beziehung daraus wird.

Übung

Stell dir selbst folgende Fragen:

. Welche der fünf Ängste vor menschlicher Nähe, die wir aufgezeigt haben, kennst du – die Angst vor Ablehnung und Verlust, die Angst dich zu zeigen, vereinnahmt zu werden, dich zu verlieren oder Angst vor Langeweile?

. Wie haben diese Ängste deine Beziehungen beeinflusst oder tun es heute noch?

. Welche Verhaltensmuster aus diesen Ängsten erkennst du bei dir?

. Was glaubst du, woher diese Ängste stammen?

. Wie versuchst du, das Aufkommen dieser Ängste zu vermeiden?

„Wir haben alle Angst vor Intimität, ob wir uns darüber bewusst sind oder nicht. Intime Nähe bedeutet, dass man sich einem Fremden gegenüber öffnet. Und wir sind uns alle fremd, denn wir kennen uns nicht wirklich. Wir sind uns sogar selbst fremd, denn wir wissen nicht wirklich, wer wir sind. Intimität bringt dich einem Fremden näher und man kann sich nur näherkommen, wenn man seine Verteidigungsstrategien und Masken fallen lässt. Wer weiß denn schon, was der Fremde vorhat? Jeder versteckt ja alles Mögliche – und nicht nur vor den anderen, sondern auch vor sich selbst. Weil wir von einer kranken Menschheit voller Unterdrückung, Hemmungen und Tabus erzogen wurden, haben wir Angst vor der Begegnung mit Fremden. Dabei ist es egal, wie lange du schon mit dieser Person zusammen lebst, die Fremdheit verschwindet nie. Es scheint sicherer zu sein, etwas Abstand zu halten und sich zu schützen, damit niemand einen Vorteil aus unserer Schwäche, Unsicherheit und Verletzlichkeit ziehen kann."

Osho, The Hidden Splendor # 4

6. Wie wir den Love Flow in unseren Beziehungen sabotieren

Wenn man bedenkt, wie tief und wie versteckt unsere Angst vor Nähe ist, wundert man sich nicht, dass wir in unseren Beziehungen Verhaltensmuster und Vorstellungen haben, die unsere Bindungen sabotieren. Wir sehen dann, dass wir sehr hohe Erwartungen haben; werden diese nicht erfüllt, sind wir enttäuscht und fühlen uns betrogen. Wir erwarten zum Beispiel, dass der Partner uns retten sollte, denn wir sehen in ihm oder ihr unsere Mutter, den Vater, den Lehrer – oder wir verstecken uns hinter diesen Rollen und behandeln den Partner wie ein Kind oder unseren Schüler.

Das Verlangen und die Sehnsucht nach Liebe führen dazu, dass wir andere idealisieren, aber es ist unausweichlich, dass wir sie irgendwann wieder von ihrem Podest holen, wenn wir sie besser kennenlernen. Wir sind dann enttäuscht, zweifeln an der Beziehung und können nicht sehen, dass eigentlich nur unsere Erwartungen falsch waren. Oft können wir uns nicht einmal eingestehen, dass wir überhaupt Erwartungen haben.

Als Sara Peter kennenlernte, war sie überzeugt, er sei „der Richtige", denn er erfüllte am Anfang alle ihre Erwartungen. Er war wohlhabend, selbstsicher, aufmerksam und gepflegt. Sie zog bei ihm ein und musste dann nach ein paar Monaten feststellen, dass er nicht ehrlich war und heimlich online mit anderen Frauen flirtete. Außerdem war er kontrollierend und wurde schnell wütend. Seine Wut ging so weit, dass er sie manchmal beschimpfte.

In einer Beziehung gibt es immer einen Anlass, um mit unseren gewohnten Verteidigungsstrategien zu reagieren und wütend zu werden oder uns zurückzuziehen. Wir hängen dann in unserem Drama fest, werden rücksichtslos in unserer Wut, beschuldigen, kritisieren oder verurteilen den anderen. Unsere Liebesbeziehung und auch unsere Freundschaften bestehen so eher aus Konflikten als aus Nähe. Der kleinste Anlass reicht als Auslöser – wir fühlen uns nicht verstanden, bekommen nicht genug Zuwendung, Unterstützung, Aufmerksamkeit oder zu wenig Sex und als Reaktion ziehen wir uns zurück oder werden wütend. Mangelndes Selbstwertgefühl kann auch dazu führen, dass wir uns immer für Menschen interessieren, die nicht zu haben sind. Wenn wir dann mal eine Beziehung haben, akzeptieren wir Misshandlungen, Ablehnung und Erniedrigungen, denn das kennen wir aus unserer Kindheit und wir denken immer noch, dass wir nichts besseres verdient hätten.

Susanne, eine 40-jährige Frau, ist verzweifelt, denn ihr Freund, mit dem sie seit einem Jahr zusammen ist, sagte ihr, dass er sich trennen will, weil er keine Zukunft für ihre Beziehung sieht. Es war der dritte Mann in sechs Jahren, der sie verlassen hat. Dabei hatte sie geglaubt, dass dieser Mann anders ist als die anderen. Am Anfang war er sehr zuvorkommend, liebevoll und aufmerksam und er schien ernsthaft an ihr interessiert zu sein.
Das änderte sich im Laufe der Monate und er bemühte sich immer weniger um sie. Wenn sie sich dann mal trafen, wollte er meistens nur Sex.
Wir fragten sie: „Was mochtest du am Anfang an ihm?"
„Er sieht gut aus, ist aktiv, charismatisch, charmant und schien sich ernsthaft für mich zu interessieren. Dazu kommt, dass er finanziell erfolgreich ist, und das mag ich bei Männern."
„Hast du irgendwas an ihm bemerkt, das dir Sorgen machte?"
„Ja, er ist egoistisch und hört nie zu. Aber so sind die Männer halt."

„War dein Vater auch so wie er?"
„Ja, etwas schon, aber das ist ja lange her."
„Susanne, machst du öfter die Erfahrung, dass du dich selbst verlierst, wenn du einem Mann näherkommst?"
„Ja, das stimmt. Ich hebe sie auf ein Podest, verliere meine Kraft und am Ende verliere ich mich selbst. Im Beruf und mit den Freunden passiert mir das nicht, aber immer, wenn ich mit einem Mann in einer Beziehung bin."

Oft lassen wir uns auf Beziehungen ein, damit wir unsere Angst vor dem Alleinsein nicht spüren müssen. Wir sind mit jemandem zusammen und müssen so unsere innere Leere nicht spüren; und wir bleiben in der Beziehung, auch wenn sie nicht nährend ist. Oft aus Gewohnheit, so sind wir wenigstens nicht alleine, und wir hinterfragen erst gar nicht, ob die Beziehung überhaupt erfüllend ist. Wir haben so viele unerfüllte Bedürfnisse aus der Vergangenheit und versuchen diese Bedürfnisse nach Lebendigkeit, Liebe, Sicherheit, Schutz und Versorgtsein von außen zu erfüllen. Wenn wir aber vom Leben oder von den Menschen nicht bekommen, was wir erwarten, werden wir emotional reaktiv oder selbstzerstörerisch.

Erst wenn wir erkennen, dass es mit diesen Verhaltensmustern und Einstellungen immer schwerer wird, Liebe zu finden oder sie zu erhalten, kann Veränderung geschehen. Erst dann sind wir bereit, neue Wege für unser Leben und die Liebe zu suchen. Dazu muss man aber erkennen, dass es nicht die Aufgabe der anderen oder des Lebens ist, unsere Wünsche und Bedürfnisse zu erfüllen, sondern eine Chance für uns, zu wachsen.

Anstatt unsere Wut auszuagieren, können wir tiefer in uns hineinschauen und dort die Frustration spüren, die entsteht, wenn unsere Bedürfnisse nicht erfüllt werden. Wir sehen dann, dass wir uns auch selbst um unsere Bedürfnisse kümmern können. Diese Erkenntnis wird unser Leben grundlegend verändern.

Die fünf häufigsten Methoden, wie wir unsere Beziehungen sabotieren

1. Wir hängen an romantischen Fantasien.

Oft träumen wir unbewusst davon, dass uns eine Beziehung auf magische Art retten wird – dies ist eine kindliche, märchenhafte Vorstellung. Wir wollen zu einer Person aufschauen und erhoffen uns Antworten, Unterstützung, Anerkennung, Trost und Führung von ihr. In diesem Zustand sehen wir den anderen nicht, wie er wirklich ist – im Gegenteil, wir wollen seine Schwächen und Fehler gar nicht wahrnehmen, sonst müssten wir ja auf eigenen Beinen stehen und erwachsen werden.

2. Unser Verhalten und unsere Einstellung ist von Erwartungen bestimmt.

In der Regel haben wir unbewusst Erwartungen an unsere engen Beziehungen, die sich aber erst zeigen, wenn wir nicht bekommen, was wir erwarteten. Dann verteidigen und rechtfertigen wir diese Erwartungen und glauben, der andere müsste diese erfüllen und sich ändern. Wir setzen dann entweder Strategien ein, um zu bekommen, was wir wollen, oder wir geben uns selbst die Schuld daran.

3. Wir benutzen Beziehungen, um unsere Ängste und Unsicherheiten nicht spüren zu müssen.

Diese Art der Sabotage liegt den ersten beiden Strategien zugrunde. Denn wenn Beziehungen von Ängsten und Unsicherheiten dominiert werden, führen sie in der Regel zu Co-Abhängigkeiten, ungesunden Machtdynamiken, andauernden und ungelösten Dramen oder zu Gewalttätigkeit.

4. Wir gehen verantwortungslos mit unserer Wut und Energie um.

Werden Emotionen ausgelöst, führt das oft zu automatischem, unkontrolliertem und aggressivem Verhalten und kann irreparable Schäden verursachen. Besonders wenn wir dafür keine Verantwortung übernehmen und uns nicht bemühen, das Vertrauen des anderen zurückzugewinnen.

5. Wir halten an alten Verteidigungsstrategien fest.
Der Ursprung unserer Verteidigungstrategien liegt in einer tiefen Wunde des Misstrauens, die zu Distanz in unseren Beziehungen führt. Das zeigt sich nicht immer sofort, aber im Laufe einer Beziehung kommt sie zum Vorschein. Diese festen Gewohnheiten sind tief eingeprägt und es erfordert sehr viel Bewusstheit, sie nicht zu rechtfertigen und weiter an ihnen festzuhalten.

Aber wenn wir erkennen, wie diese Strategien unserem Leben die Lebendigkeit rauben, können wir uns davon lösen und riskieren es Verletzlichkeit zuzulassen. Normalerweise übernehmen wir keine Verantwortung dafür, uns zu öffnen oder zu verschließen, und wir sehen auch nicht, dass diese Auslöser eine Chance zum wachsen sein können. Wir rechtfertigen lieber unsere Verteidigungsstrategien und wollen ihre Auswirkungen nicht wahrhaben. Der Preis ist aber hoch, denn wir schaden nicht nur unserem inneren Liebesfluss, sondern erleben auch keine wirkliche Nähe.

Erst wenn wir erkennen, dass durch mehr Nähe mehr Bewusstsein in unser Beziehung kommt, gerade wenn unser Misstrauen aktiviert wird, ist das eine Chance. Wenn wir nämlich nicht auf unser Misstrauen hören, sondern nach innen schauen, können wir so unsere eigenen Wunden spüren. Dann erkennen wir, dass uns diese Situation eine Gelegenheit bietet, die Teile in uns zu integrieren, die uns bisher nicht bewusst waren.

Übung

Stell dir deine wichtigste Beziehung in der Gegenwart vor und frage dich:

1. Wie reagiere ich, wenn meine Erwartungen nicht erfüllt werden und was würde ich spüren, wenn ich darauf nicht reagieren würde?

2. Wie verstecke ich mich hinter Masken und wie verstecke ich meine Unsicherheiten und Ängste durch Kompensationen?

3. Wie nehme ich mich selbst wahr, wenn ich mich verstecke oder abwehrend bin?

4. Wie nehme ich den anderen wahr, wenn ich abwehrend bin?

„In dem Moment wo man versucht einen Menschen zu dominieren, schafft man sich einen Feind, denn auch der andere möchte dominieren. Selbst wenn man es Liebe oder Freundschaft nennt, hinter der Fassade von Liebe, Freundschaft und Brüderlichkeit liegt ein tiefes Verlangen nach Macht. Man will den anderen dominieren, aber sich selbst nicht dominieren lassen. Das erzeugt einen ständigen Konflikt mit anderen und je näher man sich ist, desto schmerzhafter ist dieser Konflikt. Tausende von Menschen sind so sehr durch Beziehungen verletzt worden, dass sie gar nichts mehr von Liebe oder Freundschaft wissen wollen. Sie orientieren sich lieber an Dingen, denn das ist einfacher. Da macht die andere Seite alles mit, was du möchtest. Sich in einen Menschen zu verlieben, ist nicht einfach. Eine Liebesbeziehung ist die schwierigste Beziehung, die es gibt, denn zwei bewusste Wesen, zwei lebendige Wesen können niemals freiwillig irgendeine Art der Sklaverei akzeptieren. Einen Menschen zu lieben, ist das Schwierigste überhaupt, denn wenn du beginnst deine Liebe zu zeigen, gewinnt der andere Macht über dich. Er spürt deine Abhängigkeit und kann dich versklaven – psychologisch und spirituell. Aber niemand möchte Sklave sein und trotzdem verwandeln sich unsere Beziehungen alle in Sklaverei.

Liebe erfordert eine klare Ausrichtung und muss alles Hässliche aus dem Kopf werfen: die Eifersucht, die Wut und den Wunsch zu dominieren. Die Liebe ist ein Phänomen, das mit dem menschlichen Bewusstsein aufgetaucht ist, und du wirst lernen müssen, damit umzugehen."

Osho, Sermon in Stones ,# 27

7. Die Macht der Projektion

Wir haben die Tendenz unsere Kindheitsmuster zu wiederholen, weil sie uns so ver-traut sind. Aber es gibt noch einen anderen Grund dafür: Eine tiefe Weisheit in uns, die uns führt, und uns immer wieder dazu bringt, uns mit diesen schmerzhaften Lektionen auseinandersetzen. Nur so können wir für unser Leben lernen und können die Anteile wieder integrieren, die uns als Kind verlorengegangen sind.

Wenn wir heute eine Beziehung eingehen, bringen wir tiefsitzende Verhaltensmuster in Bezug auf die Liebe oder auch die fehlende Liebe mit. Sie stammen aus unseren frühkindlichen Beziehungen, denn es hat einen prägenden Einfluss, ob unser Bedürfnis nach Harmonie, Anerkennung, Wertschätzung, Berührung, Fürsorge, Mitgefühl und Unterstützung erfüllt wurde oder nicht. Wenn diese Bedürfnisse heute durch einen Freund oder Partner erfüllt werden, empfinden wir diese Person als freundlich, herzlich, liebevoll, vertrauenswürdig und fühlen uns mit diesem Menschen wohl. Wenn diese Bedürfnisse nicht befriedigt werden, erleben wir die Person als ablehnend, feindselig, fordernd und fühlen uns unsicher. Es ist wichtig, zu sehen, dass der unreife Teil in uns nur zwischen Schwarz und Weiß, Gut und Böse, Sicher oder Unsicher unterscheidet und der andere dann entweder als liebenswert oder feindselig gesehen wird.

In der Regel zeigt sich diese Dynamik besonders dann, wenn uns jemand wichtig ist. Es ist erstaunlich, wie schnell und wie heftig sich das ändern kann, wie ein Freund zum Feind werden kann, weil unsere Bedürfnisse nicht befriedigt werden. Wenn das passiert, gewinnt unser Misstrauen die Oberhand und wir verlieren den Kontakt zu unserem *Flow*, unserem inneren Liebesfluss.

Das ist eine sehr schmerzhafte Erfahrung, denn auf einmal sieht alles anders aus als kurz zuvor. Aus diesem Misstrauen heraus sehen wir nur noch, was wir nicht bekommen und verlieren in dem Moment den Kontakt zum ursprünglichen, schmerzhaften Gefühl, das gerade berührt wurde. Aber es wäre *gerade dann* wichtig, bei diesem Gefühl zu bleiben. Das könnte zu einer Transformation führen, die uns am Ende zu uns selbst zurückbringt.

Wenn wir immer anderen die Schuld geben, bleiben wir in unserer Verteidigungsstruktur gefangen. Solange wir diesen Mechanismus und besonders die Macht unserer traumatischen Prägungen nicht erkennen, fühlen wir uns immer als Opfer und glauben, das Problem läge beim anderen oder in der Beziehung an sich.

Das heißt natürlich nicht, dass alle Beziehungen unser Wachstum immer unterstützen. Manchmal heißt Wachstum auch, den Mut zu haben, eine Beziehung zu beenden. Aber das ist dann keine Reaktion darauf, dass wir nicht bekommen, was wir haben wollen.

Anita (48 Jahre alt) ist unglücklich, denn ihre Beziehungen zu Männern scheinen nie zu funktionieren. Am Anfang läuft es immer gut und sie hofft, dass sie endlich den richtigen Mann gefunden hat. Wenn er aber auf ihre E-Mails oder Textnachrichten nicht reagiert, wie sie es erwartet, wird sie wütend und macht ihm Vorwürfe, er sei unzuverlässig und nicht aufmerksam genug. Natürlich zieht sich der Mann dann von ihr zurück und sie fühlt sich verlassen. So bestätigt sich ihr Glaube, dass man den Männern generell nicht vertrauen kann. Diese Prägung stammt von ihrer Mutter, sie kritisierte und erniedrigte ihre Tochter oft, statt warmherzig oder liebevoll zu sein. Durch diese schmerzhaften Erfahrungen wurde Anita immer unsicherer und

fühlte sich abgelehnt. Aus diesem Grund ist sie bis heute sehr empfindsam, wenn sie sich zurückgewiesen fühlt. Wenn ein potenzieller Partner oder Freund mal nicht für sie da sein kann, sieht es für sie so aus, als wäre er abweisend, und so wird der Freund zum Feind. Sie fühlt sich abgelehnt, nicht wertgeschätzt und nicht liebenswert, das löst ihre Verteidigungsstrategien aus, sie wird aggressiv und gibt dem anderen die Schuld.
Bei der Arbeit mit ihr haben wir uns auf zwei Aspekte konzentriert. Einmal ging es darum ihr Mitgefühl für die eigene Panik und Scham zu wecken und dann zu sehen, wie schnell sie auf die anderen projiziert und sich abgelehnt fühlt. Erschwerend kommt dazu, dass ihr eigenes ablehnendes Verhalten dann alle anderen abschreckt. So sabotiert sie selbst ihren eigenen Liebesfluss und kann auch keinen Partner finden.

Unsere frühen Prägungen führen nicht nur dazu, dass wir den anderen plötzlich nicht mehr als liebevoll und fürsorglich ansehen, im Gegenteil, wir halten ihn jetzt für lieblos und desinteressiert. Zusätzlich haben diese Prägungen einen starken Einfluss darauf, wie wir uns selbst wahrnehmen. Je nachdem wie wir als Kind behandelt wurden, hat sich bei uns eine Mischung aus verschiedenen Strukturen gebildet. Wir können sowohl selbstsicher, liebenswert, leistungsfähig, mutig, positiv und neugierig sein, aber auch kritisch, verunsichert, wütend, ängstlich, kraftlos, streitlustig, und sehen das Leben und uns selbst nur kritisch. Bei Beziehungen, die uns wichtig sind, kann der kleinste Auslöser reichen und wir fühlen uns nicht mehr geliebt, missverstanden, abgelehnt oder nicht respektiert, es entsteht ein tiefes Misstrauen gegen den anderen oder in uns selbst. Wir fühlen uns schnell falsch, nicht liebenswert oder denken, wir gehören nicht dazu.

Am Anfang einer Beziehung haben wir oft noch einen sehr guten Eindruck von unserem Partner. Während dieser frühen Phase sieht es tatsächlich so aus, als ob wir endlich die Liebe gefunden haben, nach der wir uns so sehr sehnen.

Das ändert sich in dem Moment, in dem die Wunde unseres Misstrauens berührt wird. Vielleicht fühlen wir uns durch etwas verletzt und sehen auf einmal Seiten an ihm oder ihr, die uns nicht gefallen. In dem Moment regredieren wir und fallen zurück in unsere negativen Prägungen über uns selbst und die anderen. Das aktiviert die negative Spirale und unser Verhalten wird immer mehr von Verteidigungsstrategien bestimmt, was unausweichlich zu immer mehr Dramen, Distanz und Schmerz führt.

Solche unbewussten negativen Prägungen können auch dazu führen, dass wir ganz auf menschliche Nähe verzichten und uns an Dingen orientieren, die diese alten Wunden und Ängste erst gar nicht aktivieren. Das kann die Arbeit sein, Hobbys, Sport und selbst Meditation und Spiritualität. Sehr viele Konflikte, Missverständnisse und Verletzungen in Beziehungen lassen sich mit dieser Dynamik erklären. Ein kleiner Auslöser kann diese Verteidigungsstrategie aktivieren, wenn wir auf unseren Partner ein Elternteil projizieren. Wir verlieren uns in endlosen Dramen und erkennen nicht, dass wir nicht auf den Partner, sondern auf ein Elternteil reagieren. Meistens finden wir im Verhalten des Partners oder Freundes auch irgendetwas, mit dem sich unsere Reaktion rechtfertigen lässt. Solange wir nicht verstehen, dass die Person heute nur der Auslöser ist, verlieren wir uns darin zu glauben, der andere sei das Problem. Leider verhindert das, dass wir zu den wahren Ursachen vordringen, denn nur dort kann man wirklich etwas verändern.

Bei Janice reicht z. B. das geringste Anzeichen von Unachtsamkeit ihres Partners Andrew aus, dass sie wütend wird und ihn kritisiert. Sie will dann keinen Sex mehr und weiß noch nicht einmal warum. Tatsächlich reagiert sie ständig unbewusst auf ihren Onkel (d.h. alle Männer), denn sie wurde von ihm als Kind missbraucht.

Randall empfindet jede Bemerkung seiner Partnerin Alice als übergriffig und wirft ihr vor, sie sei kontrollierend und kastrierend. Dabei kann er nicht erkennen, dass er eigentlich auf die dominante und kontrollierende Art seiner Mutter reagiert.

Eine Veränderung kann es erst dann geben, wenn wir wahrnehmen und erkennen, wie uns die negativen Prägungen kontrollieren; wenn wir sehen, dass sich unsere Konditionierung immer wieder durchsetzt und auch immer wieder neu inszeniert.

Heute haben wir die Wahl und sind nicht mehr das abhängige Kind, das wir mal waren. So verstehen wir dann, dass diese unerfüllten Bedürfnisse aus der Kindheit heute nicht von außen erfüllt werden können. Wenn wir diesen Mechanismus und seine zerstörerischen Auswirkungen auf den *Love Flow* in unseren Beziehungen wirklich verstehen, wird uns das einen entscheidenden Schritt weiterbringen, um eine gesunde Beziehung zu finden und halten zu können.

Übung

Grundlegende Prägungen, die durch die ersten Beziehungen zu unseren Bezugspersonen und Geschwistern entstanden sind.

Frage dich:

1. Wie waren meine Erfahrungen und welches Selbstbild habe ich durch die Beziehungen zu meinem Vater, der Mutter und den Geschwistern erhalten. Halte ich mich für liebenswert, wurde ich geliebt und angenommen, habe

ich Wertschätzung und Anerkennung erfahren für das, was ich war oder getan habe – oder geschah das Gegenteil?

2. Welches Bild von anderen hat sich durch diese frühen Eindrücke in mir gebildet. Sind sie vertrauenswürdig, warmherzig, fürsorglich, liebevoll, annehmend, respektvoll, können sie zuhören, sind sie nicht verurteilend, sind sie verlässlich und unterstützend oder ist das Gegenteil der Fall?

3. Wie haben diese frühen Erfahrungen mein Verhalten geprägt und wie verhalte ich mich heute, wenn mir jemand näherkommt?

„Das Problem entsteht, weil das Kind keine Wahl hat. Es weiß noch nicht, wer es ist und braucht eine Identität. Da ist selbst eine falsche Identität besser als gar keine. Weil das Kind also eine Identität braucht, um zu wissen wer es ist, wird ein falsches Zentrum erschaffen. Das „Ich" ist nicht das wirkliche Zentrum – es ist ein falsches Zentrum. Es ist nützlich und du hast es selbst erschaffen, aber damit machst du dir nur etwas vor. Es hat nichts mit deinem wahren Zentrum zu tun, denn dein wahres Zentrum ist das Zentrum von allem. Dein wahres Selbst ist das Selbst von allem und in seinem Zentrum ist die ganze Existenz eins. So wie an der Quelle des Lichts alle Strahlen eins sind, und je weiter sie sich dann davon entfernen, desto weiter entfernen sie sich auch voneinander."

Osho, Discipline of Transcendence Vol. 4, #3

8. Warum wir kämpfen

In der Regel bekämpfen sich Paare und Freunde immer mal wieder und es ist wichtig zu verstehen, warum sie das tun. Trotz Missverständnissen und Konflikten würden wir beim Streit in unserer Partnerschaft oder mit nahen Bezugspersonen gerne den *Love Flow* erhalten, deshalb würden wir auch bei einem Streit gerne mit tiefem Mitgefühl, Verständnis und moderaten Emotionen reagieren.

Dabei übersehen wir, dass wir ein ganzes Paket von emotionalen Lasten, die ganz leicht aktiviert werden können, in jede wichtige Beziehung mitbringen. Deshalb reagieren wir nicht immer so, wie es unserem mitfühlenden, verständnisvollen und fürsorglichen Selbstbild entspricht und manchmal ist gar kein Auslöser nötig, sondern wir sind einfach grundsätzlich reizbar, aggressiv oder abweisend zu denen, die uns nahestehen.

Es kann auch eine chronische innere Anspannung sein, die immer wieder und unerwartet Wut auslöst. Schon der kleinste Anlass reicht, um die Wut auszulösen, wenn wir den Kontakt zu unserem *Love Flow* verloren haben. Das geschieht in der Regel automatisch und unbewusst.

In uns gibt es einen Ort, wo wir Scham und Erniedrigung spüren, wo wir uns unfähig und hilflos fühlen. Weil dies kaum auszuhalten ist, wollen wir uns, wenn wir provoziert werden, nur noch rächen und reagieren schnell, rücksichtslos und schaden damit dem zarten Band des Vertrauens. Dann müssen wir unsere Wut und den Streit rechtfertigen und vermeiden so, tiefer zu gehen und die Verantwortung für unsere Reaktionen zu übernehmen.

Wir reagieren entweder aktiv voller Wut oder passiv, indem wir uns entziehen und gefühlskalt werden. Und wir sehen uns im Recht, denn wir fühlen uns missverstanden und sind wütend, weil unsere Erwartungen an die Liebe nicht erfüllt wurden. Es fühlt sich so an, als würde uns das Leben ständig überwältigen und überfordern und wir müssten uns verteidigen. Wir werden dann ungehalten, weil die Dinge nicht so laufen, wie wir es uns wünschen, weil die anderen nicht so sind, wie wir es erwarten oder weil wir selbst nicht so sind, wie wir gerne wären. Wir fühlen uns erniedrigt, hilflos, überwältigt und nicht respektiert.

Hier ein paar Beispiele:

Wenn Max spürt, dass seine Freundin Mary fordernd und klammernd wird, entzieht er sich, ohne etwas zu sagen, und redet oft mehrere Tage nicht mehr mit ihr. Sie erinnert ihn dann an seine übergriffige Mutter. Er wird wütend und glaubt sein Verhalten sei vollkommen gerechtfertigt, weil Mary nicht einfühlsam genug zu sein scheint und sein Bedürfnis nach Abstand nicht respektiert. Er kann nur sehr schwer sehen, dass er so heftig reagiert, weil es die Wut auf seine Mutter berührt, der er früher hilflos ausgeliefert war und die ihn ständig vereinnahmt hat. Heute will er Mary und überhaupt alle Frauen dafür bestrafen.

Aber natürlich hat Mary ihre eigene Geschichte in Bezug auf Wut. Wenn sie spürt, dass Max sich entzieht, auch wenn er einfach nur Zeit für seine Arbeit braucht, wird sie wütend und wirft ihm vor, er würde sie meiden, sei unerreichbar und verschlossen. Unbewusst erinnert sie das an den abwesenden, gefühlskalten Vater und ihre unberechenbare und suizidale Mutter.

Luisa wurde als Kind von ihrem Vater sexuell missbraucht. Inzwischen ist sie eine gut aussehende junge Frau, die sehr anziehend auf Männer wirkt. In ihren Beziehungen bleibt sie aber lieber auf der oberflächlichen sexuellen Ebene. Sie will nicht tiefer gehen, denn sie hat große Angst vor Nähe und will sich einem Mann gegenüber nicht verletzlich zeigen. Wenn ein Mann ihre Erwartungen im sexuellen nicht erfüllt, nicht selbstsicher und erfahren genug ist, verlässt sie ihn, weil er zu schwach und nicht "Manns genug" ist. Wie sie nur schwer sehen kann, liegt der Ursprung ihres Verhaltens im Bedürfnis, sich an allen Männern für das zu rächen, was sie mit ihrem Vater erlebt hatte.

Wenn wir wütend, aggressiv oder gefühlskalt werden, gibt uns das ein Gefühl der Macht zurück, die wir vor langer Zeit verloren hatten. Oft kommt bei Konflikten sogar Wut hoch, von der wir gar nicht wussten, dass sie da ist. Vielleicht glauben wir einen guten Grund zu haben, um wütend zu sein. Wenn wir tiefer in uns hineinschauen, können wir aber erkennen, dass unsere Wut für den Anlass nicht angemessen ist. Es ist gut, dass diese Energie sich zeigt, denn es handelt sich um einen natürlichen Schutzmechanismus, aber er gehört nicht hierher. Die Wut stammt aus der Vergangenheit, wo wir als Kind hilflos waren, beschämt, verlassen, unterdrückt oder vereinnahmt wurden und diese Themen haben sich in unseren späteren Beziehungen immer wiederholt.

Andrea kritisiert ihren Ehemann Matthew gerne wegen seines Fahrstils oder der Art, wie er sich kleidet. Wir fragen sie, was sie zu diesen Kommentaren verleitet und sie gibt zu, dass sie sich ihm eigentlich unterlegen fühlt und ihn deshalb gerne zurechtweist. Sie glaubt, dass sie nicht nur für sich selbst, sondern auch für alle anderen Frauen einstehen muss, die von den Männern schlecht behandelt und unterdrückt werden.

Unserer Erfahrung nach machen wir manchmal abwertende Bemerkungen über unsere Freunde oder Partner und sehen nicht, dass es sich um eine Art versteckte Rache für unsere eigene Scham handelt. Dieses Verhalten kann das Vertrauen und die Sicherheit in unseren Beziehungen untergraben, wenn wir nicht versuchen, diese Unsicherheiten in uns zu erforschen und daran zu arbeiten.

Weshalb wir kämpfen

1. Es fühlt sich besser an zu kämpfen, als verletzlich zu sein

Viele von uns sind in einer Umgebung aufgewachsen, wo es aktive oder passive Aggressionen gab und so wurde das zu unserem Vorbild für „Liebe". Wir verhalten uns in unseren Beziehungen heute immer noch so oder ähnlich, weil wir nichts anderes kennen. Wir suchen oft auch genau solche Partner, die uns spiegeln, wie wir als Kind misshandelt und allein gelassen wurden. Gleichzeitig tragen wir auch eine tiefe Abneigung in uns gegen das, was wir beobachten oder erfahren mussten. So leben wir in einem Zustand, in dem wir ständig Bedrohungen befürchten. Das wird besonders akut, wenn wir jemandem erlauben, uns näherzukommen. Der kleinste Auslöser, die geringste mangelnde Sensibilität oder die kleinste Übergriffigkeit kann unsere gesamte Verteidigungsstrategie aus der Vergangenheit aktivieren. Deshalb erscheint es auf jeden Fall sicherer, zu kämpfen statt offen zu bleiben, wenn wir uns verletzt fühlen.

2. Kämpfen gibt uns ein falsches Gefühl von Macht

Es ist auch eine Art Befriedigung, wütend zu werden und uns rächen zu können. Wir fühlen uns dann bei wirklichem oder angenommenem Missbrauch nicht mehr so hilflos und verletzlich, wie es früher war. Auf eine gewisse Art mögen und suchen wir unbewusst diese Herausforderung, damit wir uns beweisen können, dass wir in der Lage sind, unsere verlorene Macht zurückzugewinnen. Es ist vielleicht sogar langweilig, mit jemandem zusammen zu sein, der unsere Wunde nicht provoziert, weil wir glauben, dass wir unsere Macht nur zurückbekommen, wenn wir unsere Wut ausdrücken und Rache nehmen können.

3. Drama, Konflikt und Kampf sind aufregend und lenken ab

Wenn wir kämpfen, müssen wir nicht tiefer gehen und uns dem Schmerz, der Scham, der Leere oder den Ängsten aussetzen oder sie gar annehmen. Es gibt endlos viele dieser Dramen, mit denen man Wut- und Rachegefühle aktivieren kann und wir nähren sie, anstatt uns von ihnen fernzuhalten. So bleiben wir beschäftigt, unterhalten und abgelenkt. Es kann sich sogar auf unsere Sexualität auswirken, wenn es mehr um Kampf und Vorherrschaft geht als um Liebe. So wiederholen wir die Kämpfe um Dominanz und Unterwerfung aus den Erfahrungen unserer Kindheit.

4. Wir kämpfen, um überhaupt etwas zu fühlen

Manchmal ist Wut so attraktiv für uns, weil sie uns hilft, überhaupt etwas zu fühlen. Das trifft besonders dann zu, wenn wir sehr viel Schock (erstarrte Angst) in unserem System haben. Wenn wir starke Gefühle aktivieren können, hoffen wir aus dem Negieren, der Dumpfheit und Abspaltung herauszukommen und fühlen uns wenigstens etwas lebendig. Ein intensiver Konflikt kann tiefe unterdrückte Gefühle der Wut oder sogar Trauer in uns aktivieren, die wir begraben, abgelehnt oder verdrängt hatten. Ist viel Schock in unserem System, sind wir von unseren Gefühlen so abgespalten, dass jede starke Emotion willkommen ist, um überhaupt etwas zu spüren.

Wie können wir den Zwang zu kämpfen wirklich überwinden?

1. Die Wut und den Zwang akzeptieren, uns verteidigen zu müssen

Man muss zuerst anerkennen, wie stark diese Emotionen sind und wie leicht sie aktiviert werden können, wenn uns jemand wichtig ist. Wir sind alle mit Überlebensstrategien ausgestattet, die dafür sorgen, dass wir reagieren, wenn wir angegriffen werden, egal ob die Gefahren chronisch oder akut sind. Wir alle haben aus der Kindheit chronische Ängste und Scham in uns, und wenn uns jemand näher kommt, kann der kleinste Anlass zum Auslöser werden. Deshalb ist es so wichtig, dass wir Mitgefühl mit uns entwickeln, wenn wir sehen, wie überwältigend der Zwang wütend zu werden sein kann, und uns für vermeintliche Verletzungen rächen zu wollen.

2. Zwischen Fühlen und Ausagieren unterscheiden

Es reicht nicht aus, dass wir unsere Gefühle anerkennen, denn diese alten Gewohnheiten und unerforschten Verhaltensmuster können unseren Liebesbeziehungen irreparablen Schaden zufügen. Deshalb ist es wichtig, zwischen *dem Bedürfnis nach Rache* und *der tatsächlichen Ausführung von Rache zu unterscheiden.* Auch wenn das Bedürfnis stark sein sollte, können wir uns trotzdem bewusst dafür entscheiden, keine Rache zu nehmen. Wenn so starke Wut und der Schmerz aus der Vergangenheit auftauchen, ist es besser, Abstand zum Partner zu halten.

Karl ist immer wütend auf seine Freundin Angela, wenn er das Gefühl hat, sie will nicht so viel Sex, wie er sich das wünschen würde, und dass sie nicht mit genug Energie und Neugierde dabei ist. Er schreit sie dann oft an und sie geht in Schock. Dann zieht sie sich noch mehr zurück, was ihn noch wütender macht. Bei der Arbeit mit ihnen sagte er uns, dass es ihm guttut,

so zu reagieren, nachdem er früher seine Wut jahrelang unterdrückt hatte.
„Ok“, sagten wir, „da ist nichts Falsches an deiner Energie und es ist verständlich, dass du wütend bist, weil du deine Wut lange unterdrücken musstest. Aber glaubst du, dass es deiner Beziehung guttut und du so bekommst, wonach du dich sehnst?“
„Nein, natürlich nicht, aber was soll ich mit meiner Wut machen, wenn ich mich über sie ärgere?“
„Glaubst du deine Wut entsteht nur durch Angela oder war sie vorher auch schon da?“
„Es gab in meiner Kindheit viele Gründe wütend zu sein, so wie ich behandelt wurde. Ich habe auch schon viele Therapien gemacht und glaube nicht, dass es etwas nützt, das alles noch mal auszugraben.“
„Karl, wenn Angela dir nicht gibt, was du haben willst, berührt das deine alten Wunden von Scham und Verlassenwerden. Wenn du dann wütend auf sie wirst, zieht sie sich noch mehr zurück. Vielleicht könntest du mit deiner Wut auch anders umgehen und dich von ihr fernhalten, damit sie nichts davon abbekommt. An deiner Wut ist nichts falsch, aber es geht darum, dass du den Schmerz wahrnimmst, der darunterliegt. Er stammt aus den Enttäuschungen von früher und hat nichts mit ihr zu tun.“

3. Das Herz weich werden lassen

Unser Herz wird weicher werden, wenn wir unseren Schmerz und die Scham tiefer untersuchen und unsere vitale Lebensenergie erforschen und annehmen. Wir können dann mehr Mitgefühl sowohl für die Person, die der Auslöser war, als auch für uns selbst entwickeln und wir beginnen zu erkennen, dass durch die Nähe mit dem anderen solche tiefen Gefühle der Scham, der Macht- und Hilflosigkeit hochkommen, die vorher schon da waren.

Tatsächlich kann unser Partner uns dabei helfen, diese Gefühle zu erkennen, damit wir sie heilen und Frieden mit ihnen schließen können. Das ist eines der Geschenke, die uns enge Beziehungen geben können.

4. Unsere persönliche Kraft finden

Der letzte Schritt, um den Zwang zur Wut und Aggression zu überwinden, ist, dass wir beginnen unsere persönliche Kraft zu entwickeln. Unser Selbstwertgefühl ist nicht mehr so verletzlich, wenn wir auf unser Leben stolz sein können, wenn wir stolz darauf sein können, wie wir leben, wie wir zu unserer Gemeinschaft beitragen und unsere Beziehungen gestalten.

Vor vielen Jahren hatte ich (Krish) noch sehr schnell das Gefühl, übersehen, herabgesetzt oder nicht respektiert zu werden. Ich wusste, dass es zum Teil aus der Beziehung zu meinem älteren Bruder stammte und hatte schon reichlich mit dieser Wunde gearbeitet. Aber erst als ich auf mein eigenes Leben stolz war und mit meinem Lebensstil zufrieden war, hörte ich auf, mich immer mit ihm zu vergleichen oder seine Anerkennung zu suchen. Von da an ließ ich mich auch nicht mehr so leicht von der vermeintlichen Kritik anderer beeinflussen.
Aber dieser Prozess dauerte Jahre und manchmal kann ich heute noch den Schatten meiner alten Wut- und Rachetendenzen spüren. In der Vergangenheit hatte ich diesen Teil von mir entweder gerechtfertigt oder verurteilt. Inzwischen habe ich gelernt, dass ich mich auch mit diesem Teil von mir anfreunden kann. Besonders wenn ich Aggressionen gegen mich spüre, nenne ich das gerne „meinen Cowboy". Er zeigt sich zwar manchmal mehr, als ich mir wünschen würde, aber es hat mir geholfen, zu meiner eigenen Kraft zu finden, als ich ihn als Teil meiner Persönlichkeit annehmen konnte.

Es ist nicht so leicht aus unseren Kindheitstraumata herauszukommen, denn diese tiefen Gefühle von Unfähigkeit und Scham machen unsere Identität aus. Die meisten von uns sind früher zu Hause oder in der Schule gedemütigt worden und diese Erlebnisse sind offene Wunden in unserem Inneren. Wir versuchen zwar sie hinter verschiedenen Rollen, Verhaltensmustern, Abhängigkeiten, der Arbeit oder anderen Ablenkungen zu verstecken, aber sie werden mit Sicherheit auftauchen, sobald wir Nähe zulassen.

Es ist möglich, aus dieser Opferidentität herauszukommen, wenn wir gezielt Schritte unternehmen, um das eigene Leben zu gestalten und zu lernen, wie wir unsere Wut und Energie in einem gesunden Umfeld aktiv nutzen können.

Das kann ein Training in Selbstverteidigung oder Boxen sein. Und wir können kleine Schritte für uns tun, zum Beispiel: Zusagen einhalten, beenden, was wir angefangen haben. Und wenn wir nicht bekommen, was wir haben wollen, können wir lernen, unsere Frustration auszuhalten. Wir können lernen, angemessene Grenzen zu setzen und dafür sorgen, dass unser Leben, unsere Entscheidungen und Handlungen nicht von Angst und Scham bestimmt werden. Es geht darum, ein gutes Selbstwertgefühl aufzubauen, dann sind wir nicht mehr so anfällig für Kritik von außen und lassen uns auch nicht mehr so leicht von echten oder vermuteten Angriffen und Bedrohungen beeinflussen.

Übung

Frage dich:

- Kann ich sehen, dass ich in bestimmten Situationen wütend werde und ist meine Wut dann unverhältnismäßig für den Anlass?
- Was denke ich in diesen Momenten?

- Verurteile ich mich für die Wut oder meine Reaktion darauf?

- Wenn ich versuche hinter die Wut zu schauen, was fühle ich wirklich, wenn ich aufgebracht bin: Hilflosigkeit, Erniedrigung oder das Gefühl nicht respektiert, ignoriert oder vernachlässigt zu werden?

- Was können mir diese Situationen über meine Unsicherheiten und Ängste zeigen?

- Erinnern mich diese Situationen an ähnliche Erlebnisse aus der Vergangenheit?

Eine geführte Meditation, um mit Wut und Aggressionen Frieden schließen zu können

(Du kannst diese Meditation laut lesen und aufnehmen, damit du sie danach für dich abspielen kannst oder du lässt sie dir von einem Freund vorlesen.)

Nehme dir einen Moment Zeit und suche dir eine bequeme Position im Sitzen oder Liegen.
Nun komme langsam zu dir selbst zurück.
Beobachte deinen Atem, wie er kommt und geht.
Erlaube dir dich zu entspannen.
Wir werden jetzt einen inneren Bereich erforschen, wo wir tiefe Gefühle in uns tragen.
Stell dir eine Situation aus der letzten Zeit vor, in der du über eine Person oder eine Situation wütend warst.

Vielleicht hast du versucht, es dir auszureden, als es passiert ist. Aber du kannst sehen, es war nicht das erste Mal, dass dir das mit einer Person oder in einer Situation passiert ist.

Vielleicht hast du dich über etwas geärgert und hattest das starke Bedürfnis, etwas zu tun oder etwas zu sagen.

Vielleicht hattest du das Gefühl, dass dich jemand kontrollieren oder erniedrigen will, dass du unfair, unsensibel oder respektlos behandelt worden bist.

Vielleicht hast du dich geschämt oder du hast dich klein, ängstlich, dumpf oder einfach nur wütend gefühlt.

Wenn du tiefer in dich hineinschaust, kennst du dieses Gefühl von früher oder es kommt vielleicht sogar aus deiner Kindheit.

Du erinnerst dich an Zeiten in deinem Leben, in denen du das schon einmal erlebt hast, dich erniedrigt, beschämt, nicht respektiert, vereinnahmt und kontrolliert fühltest oder wie ein Kind behandelt wurdest.

Jetzt könnte der richtige Moment sein, um etwas dazu zu sagen und deine Wut auszudrücken.

Wenn das so ist, erlaube dir, diese Wut und auch den Wunsch nach Rache in deinem Körper zu spüren.

Spüre auch die Kraft, die in dieser Wut liegt und sage: „Ich habe das Recht wütend zu sein und diese Wut zu spüren."

Vielleicht hörst du sogar eine innere Stimme, die sagt: „Ich will mich nicht länger so behandeln lassen! Ich werde mir das nicht länger gefallen lassen! Wenn mich jemand so behandelt, wird er meine Kraft und meine Wut zu spüren bekommen. Wenn mich jemand so behandelt, werde ich mich vielleicht rächen, damit mich nie wieder jemand so behandelt!"

Spüre die Kraft in deinem Bauch, deiner Brust oder im Solar Plexus.

Dein Kiefer könnte sich anspannen oder du spürst die Wut in einem anderen Körperbereich, vielleicht in den Händen.

Es kann sein, dass es dir guttut, das alles zu spüren. Und das Bedürfnis etwas zu unternehmen ist gesund und es reicht vielleicht schon aus, das zu spüren.

Lass die Energie und die Gefühle da sein, ohne etwas zu verändern oder zu tun.

Atme einfach in die Energie, die in deinem Körper ist.

Lass sie sich im ganzen Körper ausbreiten - bis in deine Arme, Hände, Beine und Füße.

Beobachte deinen Atem, während das geschieht.

Vielleicht wird sich die Energie irgendwann auch langsam wieder setzen.

Du kannst deine Wut akzeptieren, selbst den Wunsch nach Rache - ohne etwas damit tun zu müssen.

Jetzt kannst du noch einen Schritt weitergehen, indem du versuchst die Energie von der Person oder der Situation zu trennen, die der Auslöser war. Vielleicht spürst du den Schmerz oder die Erniedrigung dahinter. Wenn du das spürst, erkennst du eventuell, dass es sich um sehr alte Gefühle handelt. Sie sind durch Verletzungen entstanden, die sehr lange her sind. Wenn du deine Aufmerksamkeit vom Auslöser abwendest und tiefer gehst, spürst du, dass du deine Würde zurückgewinnst, wenn du die Verantwortung für diese Gefühle übernehmen kannst.

Jetzt nimm einen tiefen Atemzug und erlaube dir langsam dahin zurückzukommen, wo du gerade sitzt oder liegst.

Wenn du so weit bist, öffne deine Augen und sei wieder ganz da.

„Vertrauen kann man nur, wenn man sich selbst vertraut. Das Wesentliche muss zuerst in dir passieren. Wenn du dir selbst vertraust, dann kannst du auch mir vertrauen, anderen Men- vertrauen, der Existenz vertrauen.
Aber wenn du dir selbst nicht vertraust, kann es kein anderes Vertrauen geben."

Osho, Book of Wisdom #3

9. Richtlinien für bewusste Beziehungen – Sicherheit und Vertrauen schaffen

Bisher haben wir uns angeschaut, wie wir Nähe sabotieren und haben ein paar grundlegende Informationen über Spiegelungen, Ängste und die Macht der Projektion gewonnen. Nun wollen wir uns ansehen, was wir brauchen, um gemeinsam auf die wunderbare Reise zu größerer Intimität zu gehen.

Wahrscheinlich gibt es kein Thema, das mehr Leid, Verwirrung, Konflikte und sogar Verzweiflung hervorrufen kann als enge Beziehungen. Viele Menschen sind bereit alles zu tun, um den „richtigen" Partner zu finden und verlieren am Ende doch die Hoffnung. Andere leiden, weil zu wenig Gemeinsamkeit, Verbindung, Harmonie oder Kommunikation mit dem Partner oder Freund besteht, und wieder andere müssen feststellen, dass es immer wieder zu Auseinandersetzungen mit dem Partner kommt, weil Prioritäten, Vorstellungen und Interessen, auch wenn man sich schon länger kennt, kollidieren.

Die meisten von uns stolpern doch ziemlich ahnungslos in Beziehungen und wissen nicht, wie man den *Love Flow* erhalten oder Sicherheit und Vertrauen aufbauen kann. Man kommt oft wegen der sexuellen Anziehung zusammen oder weil es gemeinsame kulturelle Traditionen und Werte gibt, aber man hat überhaupt keine Vorstellung davon, was wirkliche Nähe bedeutet.

Johan und Birgit, ein schwedisches Ehepaar, haben sehr früh mit 20 Jahren geheiratet. Inzwischen haben sie drei Kinder und sind anerkannte Mitglieder der Oberschicht in der schwedischen Gesellschaft, aber sie sind ständig am

Streiten. Sie hätte gerne eine tiefere Verbindung und mehr Kommunikation mit Johan und er ist frustriert über ihr Sexleben und würde seine Sexualität gerne auch mit anderen erforschen.

Wenn wir eine Beziehung eingehen oder sie erhalten wollen, sind unsere Entscheidungen und unser Verhalten nicht immer im Einklang mit unserer inneren Wahrheit. Dafür gibt es nach unserer Erfahrung drei Gründe:

1. Manchmal sind wir geblendet von den Kräften der physischen oder energetischen Anziehung oder von überlieferten Werten, mit denen wir erzogen wurden.

2. Es kann auch sein, dass das Bedürfnis nach Bindung oder finanzieller Sicherheit alles andere überwiegt.

3. Wir wissen nicht, wie man eine Beziehung langfristig stabil halten kann. Vielleicht sind wir uns gar nicht sicher, ob wir diese Reise mit allen Herausforderungen, die eine verbindliche Beziehung mit sich bringt, überhaupt antreten wollen. Vielleicht wollen wir uns doch lieber noch andere Optionen mit anderen Partnern offen halten.

In der Regel ist es so, dass man romantische Beziehungen in zwei Kategorien einteilen kann. Zum Einen gibt es kurzfristige Affären, die auf physischer oder energetischer Anziehung beruhen und man weiß nicht, was für eine längerfristige Beziehung nötig wäre. Die andere Kategorie ist eine verbindliche und anhaltende Beziehung – also etwas ganz anderes. Sie erfordert ein tieferes Verständnis und andere Werkzeuge, denn eine bewusste Beziehung ist immer eine tiefgehende emotionale und spirituelle Reise.

Hier sind ein paar Orientierungshilfen, die auf dieser Reise nützlich sein können. Während wir uns entwickeln, sind wir natürlich immer auch am Lernen, und diese Orientierungshilfen können nützlich sein, wenn wir verstehen wollen, wie eine tiefe Verbindung funktionieren kann.

1. Persönliche Zufriedenheit

Liebe kann nur fließen, wenn wir uns dem anderen nicht aus einem Gefühl des Mangels zuwenden, den er zu beheben hätte. Sie kann nur fließen, wenn wir aus einem Gefühl der Fülle kommen. Dann kommen wir zusammen, weil wir uns etwas zu geben haben und nicht, um etwas zu bekommen. Und es ist klar, dass der andere uns nicht vor Schmerz, Angst, Unsicherheit, Leere oder Scham schützen kann.

2. Sich auf eine enge Beziehung einlassen

Die Liebe kann fließen, wenn wir Nähe und Intimität als einen Weg des spirituellen und emotionalen Wachstums verstehen, aber uns auch darüber im klaren sind, dass es viele Herausforderungen geben wird. Das heißt, dass wir mit Sicherheit Scham, Angst, Leere und Schmerz erfahren werden und wir bereit sind nach innen zu schauen und die Verantwortung für diese Gefühle zu übernehmen und nicht automatisch, impulsiv oder gewohnheitsmäßig reagieren, wenn wir nicht bekommen, was wir erwarten. Das bedeutet auch, unsere Wut nicht am Anderen auszulassen, uns nicht aus Rache zu entziehen oder gleich die ganze Beziehung infragezustellen.

3. Ehrlichkeit und Verlässlichkeit

Liebe kann fließen, wenn wir bereit sind, in Wort und Tat ehrlich und verlässlich füreinander da zu sein.

4. Sich um die eigenen Bedürfnisse und Interessen kümmern

Liebe kann fließen, wenn wir auch weiterhin unseren eigenen individuellen Bedürfnisse, Hobbys, Interessen und Leidenschaften nachgehen.

5. Die eigenen Grenzen und die des anderen respektieren

Liebe kann fließen, wenn wir Nähe als Chance sehen. Wenn wir bereit sind zu lernen, die eigenen Grenzen und die der anderen zu respektieren, auch auf die Gefahr hin, dass es der Harmonie schaden könnte.

6. Mit dem eigenen Suchtverhalten umgehen

Liebe kann fließen, wenn wir bereit sind, die Verantwortung für unsere Süchte und für unsere betäubenden und ablenkenden Gewohnheiten zu übernehmen. Sie kann fließen, wenn wir den Mut haben, uns dem Schmerz und der Leere dahinter zu stellen.

7. Verteidigungsstrategien und Misstrauen hinterfragen

Liebe kann fließen, wenn wir unsere Verteidigungsstrategien und unser Misstrauen hinterfragen. Wir müssen uns verletzlich zeigen und mit dem Partner und den Freunden offen umgehen.

8. Klarheit über sexuelle Offenheit oder Treue in der Beziehung

Liebe kann fließen, wenn wir klar, ehrlich und einvernehmlich entscheiden, ob wir treu sein wollen oder offen für andere. Dazu gehört nicht nur Sex, sondern auch Flirten, sexuelles Texten oder Pornos außerhalb der Beziehung.

9. Konflikte lösen

Liebe kann fließen, wenn wir dafür sorgen, dass Konflikte, Missverständnisse und Disharmonien stets offen und gewaltfrei gelöst werden können.

10. Sich für die Welt des anderen öffnen

Liebe kann fließen, wenn wir bereit sind, uns für die Welt des anderen zu öffnen. Wenn wir bereit sind, seine Welt zu betreten und das Leben mit seinen oder ihren Augen zu sehen. Dazu müssen wir bereit sein, unsere Glaubenssätze zu hinterfragen und Dinge zu tun, die wir sonst nicht tun würden.

Was sind unsere Motive?

Betrachtet man diese Punkte genauer, kommt man zu der Frage: „Was ist meine Motivation, in einer engen Beziehung zu sein?“

Denn all diese Punkte führen immer wieder zu der grundlegenden Frage, wie ich dafür sorgen kann, dass meine Beziehungen nicht von meinem verletzten Selbst dominiert wird und ich meine Beziehungen mit Weisheit und Einsicht gestalten kann? Das sind tiefgreifende Fragen und man sieht, dass das Abenteuer einer engen Beziehung wie ein Seiltanz ist. Zum einen geht es darum, vorhersehbaren Frust und Enttäuschungen, die mit Sicherheit auftreten werden, zu akzeptieren, wenn wir dem anderen näherkommen. Zum anderen geht es darum zu lernen, dass wir uns vom anderen unterscheiden, ein Individuum sind und uns auch selbst eine Inspiration sein können.

In einer verlässlichen, engen Bindung geht es also um die Balance zwischen diesen zwei großen Herausforderungen: Einmal, Enttäuschungen auszuhalten und zum Zweiten zu uns selbst zu stehen. Das lernen wir, indem wir uns öffnen, dem anderen näherkommen und das Wagnis eingehen, dass der oder die andere wichtig für uns ist, uns etwas bedeutet.

Übung

Frage dich:

1. Suche ich jemanden, der meine unerfüllten Bedürfnisse befriedigen soll, oder bin ich mit meinem Leben zufrieden und glücklich?

2. Bin ich mir meiner Erwartungen bewusst und übernehme ich die Verantwortung dafür oder halte ich an ihnen fest und versuche sie zu rechtfertigen? Falls das so ist, wozu führt das, wenn ich an ihnen festhalte?

3. Reagiere ich automatisch, wenn meine Erwartungen nicht erfüllt werden? Falls das so ist, wozu führt das in meinen Beziehungen?

4. Bin ich klar damit, dass ich sexuelle Treue möchte oder wäre mir eine offene Beziehung lieber? Bin ich mit meinem Partner in dieser Beziehung einer Meinung?

5. Bin ich ehrlich und verlässlich in meinen Beziehungen? Wenn nicht, was sind die Konsequenzen?

6. Kann ich meine eigenen Grenzen und die der anderen respektieren? Wenn nicht, was sind die Konsequenzen?

7. Neige ich zu automatisierten und gewohnheitsmäßigen Ablenkungen und Süchten? Falls das so ist, welche Auswirkungen hat das auf mein Leben und meine Beziehungen?

8. Aktiviere ich immer gewohnheitsmäßige Verteidigungsstrategien? Welche sind das und wenn das so ist, welche Auswirkungen hat das auf mein Leben und meine Beziehungen?

Meditation – Sich eine gesunde und anhaltende Beziehung vergegenwärtigen

(Du kannst diese Meditation laut vorlesen und aufnehmen, damit du sie danach für dich abspielen kannst, oder du lässt sie dir vorlesen.)

Suche dir eine angenehme Position, sitzend oder liegend ...
sodass du es bequem hast und ungestört bist.
Erlaube dir langsam zu entspannen.
Schließe deine Augen und richte deine Aufmerksamkeit sanft nach innen.
Du kannst immer tiefer gehen und entspannst dich immer mehr.
Erlaube dir, noch tiefer in die Entspannung hineinzusinken.
Dabei bleibst du aufmerksam und wach, während sich dein Körper langsam weiter entspannt, und du beobachtest deinen Atem, wie er ganz von alleine kommt und geht.
Nimm dir Zeit, um wirklich in deinen Körper hineinzuspüren, während er sich gerade ausruht.
Du bist ganz ruhig und entspannt und spürst viel Raum in dir.
Du fühlst dich in dir zu Hause und bist in deiner Mitte.
Nimm dir jetzt etwas Zeit, um dir vorzustellen, wie für dich in deinem Leben eine enge Beziehung aussehen sollte und wie sie sich anfühlen würde.
Dann geh noch etwas weiter und frage dich, welche Qualitäten du gerne mit jemandem teilen würdest?

Zum Beispiel:

. Sich gemeinsam auf inneres Wachstum einlassen und Instrumente lernen, die bewusste Beziehungen ermöglichen
. sich mitteilen und verletzlich sein können
. beim Sex treu sein oder eher nicht
. Wege finden, um die sexuelle Beziehung lebendig und nährend zu halten,
. bereit sein, alle Konflikte und Unstimmigkeiten auf gesunde Art zu lösen und sich nicht im Drama verlieren
. Verantwortung für die eigene Energie übernehmen und die Wut nicht am anderen auslassen
. spielerisch sein und Abenteuer innerhalb der Beziehung suchen,
. eine erfüllende Arbeit finden und darauf achten, dass jeder seine eigene Kreativität und Hobbies leben kann und auch Zeit für sich selbst hat
. einen gesunden Lebensstil führen.

Jetzt frage dich, ob du dich darauf einlassen kannst ...

. nicht nur in einer Beziehung zu sein, weil du jemanden retten willst oder selbst gerettet werden möchtest, um die eigenen Unsicherheiten und Ängste nicht wahrnehmen zu müssen
. deine eigene Frustration und Enttäuschung auszuhalten, wenn du nicht bekommst, was du willst oder erwartest
. die Momente der Frustration und Enttäuschung zu nutzen, um dich selbst und deine eigenen Wunden der Scham und des Verlassenseins besser zu erforschen
. lernen die eigenen Grenzen zu respektieren und dir selbst treu zu sein, auch wenn man etwas von dir erwartet, das für dich nicht stimmig ist
. die Grenzen deines Partners zu respektieren und darauf zu achten, dass du sie nicht mit deinen Bedürfnissen und deiner Energie überschreitest

- dein Glück nicht nur vom anderen abhängig zu machen, sondern auch außerhalb der Beziehung ein erfülltes Leben zu führen
- gemeinsam Zeit nehmen und euch besser kennenlernen, damit ihr sehen könnt, ob ihr zusammen passt.

Jetzt nimm dir etwas Zeit und überprüfe, ob du das Risiko eingehen kannst, dich für einen andern Menschen wirklich zu öffnen, oder falls du schon in einer Beziehung bist, ob du dich gegenüber deinem Partner noch etwas mehr öffnen kannst.
Vielleicht macht es dir Angst – das ist in Ordnung – nimm dir so viel Zeit, wie du brauchst. Vielleicht hast du Angst, verletzt oder abgelehnt zu werden. Alleine die Vorstellung sich zu öffnen und verletzlich zu sein, reicht manchmal schon aus, um diese Ängste zu aktivieren.
Aber die Reise zu mehr Nähe kann auch zu Wachstum und Erwachen führen. Es ist eine Reise hin zu mehr Vertrauen, wenn wir lernen, uns der Existenz zu überlassen und wir erkennen, dass wir immer das bekommen, was wir für unser Wachstum brauchen.
Wenn man sich auf eine reife Art für die Liebe öffnen kann, ist das ein großer Schritt zu einem erfüllten und reichen Leben.

Jetzt kannst du ganz langsam wieder zurückkommen.
Bewege langsam deine Finger und Zehen.
Die Energie kommt wieder in deinen Körper zurück.
Vielleicht magst du einen tiefen Atemzug tun und langsam immer mehr zurückkommen.
Wenn du soweit bist, öffne deine Augen.
Du bist wieder da und bist ganz bewusst und wach.

„Es geht nicht nur um bewusste Liebe - es geht um Bewusstheit an sich. Wer bewusst ist, tut alles mit Bewusstheit - lieben, malen, tanzen oder auch Tee kochen; es spielt dann keine Rolle mehr, was man macht. Das Bewusstsein ist dabei die leitende Kraft in allem, was man tut. Und beim Unbewussten ist es genauso - dann liebst du unbewusst, hasst du unbewusst, machst einfach alles unbewusst. Also geht es im Kern um diese zwei Worte: Bewusstheit und Unbewusstheit.
Da kann man die Liebe als gutes Beispiel anführen. Die Leute sagen, dass sie lieben, sie wissen aber nicht, was sie da sagen oder was sie damit meinen. Sie mögen Autos lieben, eine Frau lieben, eine Zigarettenmarke oder den Fußball. Man weiß nicht so genau, was sie mit „Liebe" meinen. Unbewusste Liebe ist auf das Objekt der Liebe ausgerichtet. Bewusste Liebe ist in dir, es ist deine dir innewohnende Liebenswürdigkeit.
Es geht nicht darum jemanden aus bestimmten Gründen zu lieben. Es ist einfach Liebe, die aus dem Überfluss entsteht - du hast so viel davon, dass du sie mit anderen teilen musst, sie ausstrahlst. Und wer immer sie annimmt, spürt deine Dankbarkeit dafür. Bewusste Liebe macht dich zu einem Handelnden, einem Wesen, einer Seele.
Ist die Liebe unbewusst, dann bist du leer - dunkel und armselig, hungrig, durstig. In der unbewussten Liebe bleibst du ein Bettler. Du bettelst um Liebe, weil Liebe für dich Nahrung ist.
Und das ist das Komische daran: Du bettelst um Liebe und die andere Person, in die du dich verliebt hast, auch - zwei Bettler halten ihre Bettelschalen vor sich hin und beide Bettelschalen sind leer.

Bewusste Liebe macht dich zu einem Kaiser. Du bettelst nicht, du gibst einfach. Und je mehr du gibst, desto mehr erhältst du. Dann bist du dankbar gegenüber der Person, die deine Liebe annimmt."

Osho, Sermon in Stones, #3

10. Der „Containment"-Prozess

In den nächsten beiden Kapiteln sehen wir uns zwei wichtige Lektionen an, die wir lernen, wenn wir durch den Prozess einer tiefen Verbindung gehen. Die erste Lektion ist die Kunst des „Containments“ (Anm. d. Ü.: sich zurückhalten) und das ist die Wichtigste von allen. Denn wir lernen, auf das Reagieren zu verzichten und nach innen zu gehen, und bleiben präsent mit der Angst, der Enttäuschung, dem Gefühl der Minderwertigkeit, der Frustration, die mit Sicherheit auftauchen werden, wenn wir jemandem näherkommen.

Evelyn und Robert sind seit 20 Jahren verheiratet, waren aber nicht sehr lange glücklich miteinander. Sie sagt, er sei nicht mehr der Mann, den sie mal geheiratet hat.
„Früher", sagt sie, „war er fürsorglich, liebevoll, aufmerksam, lebensfroh und großzügig. Jetzt entzieht er sich, ist unkommunikativ und langweilig und das erinnert mich an meine Kindheit. Ich hatte eine kalte und unnahbare Mutter und einen Vater, der nur an seine Arbeit dachte und nie da war. Als wir uns kennenlernten, fühlte ich mich umsorgt und sicher mit ihm, wie ich es vorher noch nie erlebt hatte - aber es hat nicht lange angehalten." In der Paarsitzung ist Robert zuerst zurückhaltend und still, aber gibt dann zu: „Es stimmt, ich bin Evelyn gegenüber verschlossen. Das liegt daran, dass sie immer so kritisch, fordernd und wütend ist - und nie zufrieden. Meine Gefühle zu zeigen oder mich mitzuteilen, ist mir nie leichtgefallen und wenn sie mich fragt, was ich fühle, weiß ich gar nicht, was ich sagen soll. Wenn ich

ihr das sage, wirft sie mir vor, dass ich nicht kommunikativ genug wäre. Also ich weiß ehrlich nicht, was ich tun soll."

Für Evelyn sieht es aus, als ob Robert unerreichbar wäre und sich nicht um sie kümmern würde, genauso wie es früher mit ihren Eltern war, und das verursacht den Schmerz in ihr. Sie denkt leider, dass er sich ändern müsste. Sie geht nicht nach innen, wo sie sich den ursprünglichen Schmerz ihrer Kindheit ansehen müsste, als sie nicht bekommen hat, was sie brauchte. Wenn sie die Reise nach innen antreten würde, wäre sie von dort aus in der Lage sich wieder für Robert zu öffnen. Aus diesem Raum heraus könnte sie mitfühlend mit ihm sein und sie würde sehen, dass er nicht gegen sie ist und auch nichts gegen sie tut. Er ist einfach nur sehr empfindsam, wenn es um Ansprüche an ihn oder Kritik geht und es fällt ihm schwer, sich mitzuteilen und seine Grenzen zu setzen.

Wir erwarten als Kind natürlich, dass unsere Bezugspersonen für unsere Grundbedürfnisse sorgen, dass sie aufmerksam, verfügbar, liebevoll, fürsorglich und einfühlsam sind und dass sie unsere Fähigkeiten, unsere Individualität und unsere Lebensenergie unterstützen. Es werden aber nur selten alle Bedürfnisse erfüllt und sehr oft mangelt es in vielen Bereichen. Die meisten von uns finden Wege, mit diesem Mangel umzugehen und das Leben geht weiter. Wir begraben den Schmerz über die vermisste Liebe und manchmal spüren wir ihn, aber meistens haben wir den Kontakt zu diesem Schmerz verloren – bis wir jemandem näherkommen.

In der Regel zeigen sich die unerfüllten Bedürfnisse aus der Vergangenheit nicht sofort – es gibt eine Schonfrist. Am Anfang glauben wir wirklich, dass wir endlich die Liebe unseres Lebens gefunden haben und nie wieder alleine sein oder Angst haben müssten. Doch im Laufe der Zeit werden wir von unserem Partner oder Freund immer wieder enttäuscht und erleben dann das gleiche Gefühl des Mangels, das wir aus unserer Kindheit kennen – obwohl uns das nicht sofort ersichtlich ist. Wenn wir das nicht verstehen und auch keine Werkzeuge dafür haben, reagieren wir automatisch mit Anschuldigungen, Wut, Angriff oder wir machen uns klein und/oder verschließen uns und ziehen uns zurück. Die Erwartung, dass unsere Bedürfnisse erfüllt werden sollten, ist so überwältigend, dass wir den anderen nicht sehen können, wie er wirklich ist. Dann wissen wir nicht, wie wir mit unserem Schmerz umgehen können und sehen keine andere Alternative als zu reagieren.

Evelyn sagte uns: „Ich habe das Gefühl, ich muss reagieren, sonst wird sich nie etwas ändern und ich kann nicht akzeptieren, dass mein Leben mit Robert so weitergehen soll wie bisher. Ich reagiere, weil ich hoffe, dass Robert dann lebendiger, kommunikativer, aufmerksamer und fürsorglicher wird. Ich wüsste nicht, was ich sonst tun könnte. Aber es stimmt, meine Versuche ihn zu ändern sind bisher alle hoffnungslos gescheitert."

Sechs grundlegende Einsichten und Werkzeuge

1. Es ist normal, dass man wütend wird, wenn Bedürfnisse nicht erfüllt werden, denn es berührt die alte Wunde des Verlassenfühlens, und die ist mit Angst und Scham belastet. Sie wird immer dann aktiviert, wenn ein Partner, Freund, Therapeut oder Lehrer sich nicht so verhält, wie wir es wünschen oder erwarten.

2. In jeder wichtigen Beziehung werden wir aber unausweichlich die Erfahrung machen, dass nicht alle unsere Bedürfnisse erfüllt werden. Das können manchmal Kleinigkeiten sein.

3. Obwohl diese Erfahrungen schmerzhaft sind, helfen sie uns, daran zu reifen und zu wachsen. Oft suchen wir uns sogar als Auslöser die passenden Menschen, um „Containment" lernen zu können.

4. Erst durch „Containment" entsteht Raum in uns und wir sehen den anderen dann nicht mehr als Projektionsfläche für unsere Bedürfnisse sondern für das, was er oder sie wirklich ist.

5. Man darf „Containment" aber nicht mit Resignation verwechseln. Resignation ist kalte Wut, hinter der wir uns verschließen, weil wir die Dinge nicht akzeptieren können, wie sie sind. Resignation ist auch oft ein Deckmantel: Wir tun so, als ob wir etwas akzeptieren, tun es aber in Wirklichkeit nicht.

6. Das „Containment" hingegen ebnet den Weg zu funktionierender Nähe, dann können beide die Vor- und Nachteile menschlicher Nähe sehen und eigene Stärken und Schwächen bei sich und anderen erkennen.

Der Prozess der Transformation

Wenn unsere Erwartungen nicht erfüllt werden und wir uns provoziert fühlen, haben wir folgende Möglichkeiten:

1. Schritt: Wir erkennen unsere Empfindsamkeiten und die Auslöser

Jeder von uns reagiert auf ganz bestimmte Auslöser empfindsam, sie hängen davon ab, was uns in der Kindheit gefehlt hat. Wir nennen das „unsere Empfindsamkeiten".

Wenn so eine Empfindsamkeit berührt wird, fühlen wir uns irritiert, denn es geht um Grundbedürfnisse aus der Kindheit, die nicht erfüllt wurden. Manchmal reicht schon eine Kleinigkeit, die uns an dieses ursprüngliche, unerfüllte Bedürfnis erinnert, und unsere innere Wunde ist aktiviert.

Julia regt sich zum Beispiel darüber auf, dass ihr Freund Jason oft energielos ist und manchmal stellt er sogar den Sinn des Lebens infrage. Das depressive Verhalten Jasons erinnert sie an ihren depressiven Vater. Er war nie eine Stütze oder Vorbild, sondern eher eine Belastung für alle im Haus. Wenn sie jetzt bei Jason auch so eine Einstellung sieht, stellt das für sie die ganze Beziehung infrage.
Bei der Arbeit mit ihr haben wir vorgeschlagen, dass sie mit Kritik und dem Versuch ihn zu ändern, zurückhaltend sein sollte. Wir halfen ihr stattdessen, die Energie zu sich selbst zurückzunehmen und sie konnte erkennen, dass die Wurzeln ihrer Wut, Frustration und Traurigkeit in der Beziehung zu ihrem Vater lagen. Das half ihr, sich von Jasons Verhalten nicht mehr so beeinflussen zu lassen. Der Grund für ihre Wut war, dass sie sich von ihm in die eigene Depression gezogen fühlte und dabei ihre Lebendigkeit und Freude verlor. Sie gab ihm die Schuld, dass sie keine Freude mehr am Leben hatte.

Wenn wir beobachten, wann und wie wir uns in der Partnerschaft provoziert fühlen, verstehen wir auch, welche Erfahrungen wir in die Beziehungen mitbringen und, dass das Problem nicht im Verhalten des anderen liegt, sondern in unseren Empfindsamkeiten, die sich aus den unerfüllten Bedürfnissen unserer Kindheit speisen.
Wird so eine Empfindsamkeit auch nur berührt, regredieren wir unter Umständen sofort. Erst wenn wir mit dieser Empfindsamkeit vertraut sind und den Auslöser kennen, können wir den anderen aus dem Blickfeld neh-

men. Dann können wir zu uns selbst zurückkommen und einen Moment innehalten. Wenn uns jemand näherkommt, ist es unausweichlich, dass unsere Empfindsamkeiten berührt und aktiviert werden, und wenn wir uns darüber nicht bewusst sind, regredieren, projizieren und reagieren wir automatisch.

2. Schritt: Keine zu hohen Erwartungen haben

Wir fühlen uns provoziert, wenn unsere Bedürfnisse nicht erfüllt werden – aber das ist nicht das Problem. Das Problem ist, dass wir von unserem Partner oder Freund erwarten, dass er sich und sein Verhalten ändern soll, damit wir uns nicht mehr enttäuscht fühlen. Das führt zu endlosem Drama und Leid. Wirkliche Transformation kann nur stattfinden, wenn wir nicht mehr auf unsere Erwartungen bestehen und sie nicht mehr rechtfertigen. Erst dann können wir die Verantwortung für unsere Wut und Enttäuschung übernehmen und müssen nicht mehr zwanghaft reagieren. So lernen wir, es auszuhalten wenn Ängste, Wut und Enttäuschung provoziert werden. Schmerz ist unerträglich, wenn wir die Ursache dafür nicht kennen. Es kann zu einer wertvollen Erfahrung werden, wenn wir erkennen, dass wir daran wachsen und reifen, und sehen, dass der Grund für unseren Schmerz in unerfüllten, frühen Bedürfnissen liegt.

Wenn man diese unangenehmen Gefühle mal aushält und nicht sofort reagiert, erkennt man das Bedürfnis dahinter, und das Gefühl des Mangels wird sich langsam von selbst füllen. Die Verbindung dazu passiert im Innern, durch sie verändert sich alles und wir bekommen ein stabiles Selbstwertgefühl. Dann können wir auch andere so nehmen und würdigen, wie sie sind.

Matthew und Alexandra sind seit drei Jahren zusammen. Sie provozieren sich oft gegenseitig und bekämpfen sich, weil sie ihre Wunden aktivieren.

Alexandra wurde als Kind von beiden Eltern kritisiert und kontrolliert, und sie wurde bestraft und verurteilt, wenn sie ehrlich war. Matthews Vater war nie da und seine Mutter war psychisch krank. Ihre Krankheit zeigte sich unter anderem darin, dass sie oft Wutausbrüche hatte und sie drohte Matthew, dass sie ihn alleine lassen würde, weil er eine Last sei.
In seiner heutigen Beziehung hat Matthew das Gefühl, dass Alexandra ihn nicht an sich ranlässt und nicht so offen und zugänglich ist, wie er es sich wünschen würde. Sie hingegen fühlt sich kritisiert und nicht akzeptiert, so wie sie ist. Beide verlieren sich in der Vorstellung, der Andere müsste sich ändern, damit sie glücklich sein können. Das Drama kann aber nur aufhören, wenn sie ihre Aufmerksamkeit auf sich selbst richten und erkennen, dass bei beiden die alten Wunden berührt werden. Se müssten lernen, sich verletzlich zu machen.

Wir brauchen sehr viel Mitgefühl mit uns selbst für den Schmerz, der ausgelöst wird, weil unsere Bedürfnisse nicht erfüllt werden – heute nicht und früher auch nicht. Wir müssen lernen unsere Aufmerksamkeit nach innen zu richten und liebevolle, verständnisvolle und unterstützende Eltern für uns selbst zu sein, so wie wir sie uns früher gewünscht hätten. Es ist schwer, Reaktionen zurückzuhalten, wenn wir nicht den emotionalen und spirituellen Sinn dahinter erkennen können, denn wir brauchen einen Grund, weshalb wir diesen wilden Hengst mit allen hochemotionalen Reaktionen, Beschuldigungen, Angriffen, Wut und Rückzug zurückhalten sollten.

3. Schritt: Containment

Das ist jetzt der entscheidende Schritt, in dem wir lernen, bei unserer inneren Erfahrung zu bleiben, wenn wir uns übergangen oder verlassen fühlen. Dieser Schritt besteht aus zwei Teilen und der erste Aspekt ist, ganz fokussiert und bewusst bei der inneren Erfahrung unseres Körpers zu bleiben und auf das körperliche Spüren zu achten. Der zweite Punkt ist, sich über die negativen Gedanken bewusst zu werden, die unsere Fähigkeit, mit der Erfahrung präsent zu bleiben, sabotieren.

. Fokussiert und bewusst bei der Körperwahrnehmung bleiben

Wenn eine Empfindsamkeit (ein Bedürfnis, das nicht erfüllt wird) berührt und provoziert wird, erzeugt das sofort eine körperliche Reaktion und wir nehmen vielleicht eine Schwere in der Brust wahr oder uns wird heiß, wir spüren Verspannungen, sind ruhelos und haben einen angespannten Solarplexus. Zudem ist da auch immer einfach das Gefühl, dass uns etwas stört. Negative Gedanken (über die wir später noch sprechen werden) können uns davon abhalten, unseren Körper zu spüren und machen das Ganze unerträglich. Aber wenn wir immer wieder zum Körper zurückkommen, seine Empfindungen wahrnehmen, können sich diese Empfindungen auch verändern. Wir werden ruhiger und entspannter, wenn wir lernen, sanft in diese unangenehmen Gefühle hineinzuatmen, ohne sie zu bekämpfen oder sie loswerden zu wollen.

Es wird dann leichter werden, wenn es uns gelingt, bei der Erfahrung zu bleiben und sie anzunehmen. Mit Zeit und Geduld wird die anfängliche Unerträglichkeit langsam zurückgehen und unser Nervensystem kann sich beruhigen. Es kommt ein inneres Gefühl der Würde und Zufriedenheit auf, denn wir haben den Sturm überstanden und zu uns selbst zurückgefunden.

. Die Gedanken beobachten, die uns zwingen zu reagieren

Lori hat gerade eine Fernbeziehung mit Michael begonnen und ist leidenschaftlich verliebt. Gerade haben sie einen wunderbaren zweiwöchigen

Urlaub in der Karibik verbracht und beide hatten das Gefühl, dass sie perfekt zusammenpassen. Genau so einen Partner hatten sie bisher immer gesucht. Beide haben Spaß am Sex, lieben Abenteuer, praktizieren Yoga und Meditation und beide haben sich auch tief auf ihr persönliches Wachstum eingelassen. Aber nach dem gemeinsamen Urlaub mussten sie wieder zurück zur Arbeit in ihre Länder und hatten keinen Plan, wann sie sich wiedersehen würden.
Für Lori brachte die Trennung tiefe Ängste hoch. Sie befürchtete, dass die Verbindung doch nur ein Traum war und wurde immer verzweifelter, fordernder und klammernder. Michael sollte sie dreimal täglich anrufen und Pläne für eine gemeinsame Zukunft machen. Ihr Verhalten erinnerte ihn an seine kontrollierende Mutter und er zog sich immer mehr von ihr zurück. Dieser Rückzug erinnerte Lori dann an das gestörte Verhältnis zu ihrer Mutter, die nie für sie da war. Für Lori war sehr schwer, diese Ängste auszuhalten, ohne auf Michael zu reagieren.
Bei der Arbeit mit Lori unterstützten wir sie darin, die Verzweiflung, dass sie nicht physisch mit Michael zusammen sein kann, auszuhalten. Wir zeigten ihr, dass es möglich ist, im Körper zu bleiben, das zu spüren, und halfen ihr, sich über die negativen Gedanken bewusst zu werden, die ihre Panik erst ausgelöst hatten.
Gedanken wie: „Er sollte für mich da sein, damit ich nicht in Panik gerate. Darum geht es doch bei einer Beziehung." Oder auch: „Ich bin nicht mehr die Gleiche wie damals, als wir zusammen in Urlaub waren. Was ist denn aus dieser lebendigen, fröhlichen und aktiven Person geworden? Kann ich überhaupt noch an diese Beziehung glauben - oder war alles nur Einbildung?"
Wir fragten sie: „Lori, wie fühlt sich das an, wenn du dich mit dieser Panik gegen Michael wendest und was denkst du dann über dich?"
„Ich fühle mich wie ein verwöhntes Kind und habe nicht viel Respekt für mich selbst."

„Kann es sein, dass dieses Muster in früheren Beziehungen schon mal verheerende Auswirkungen hatte?"
„Ja und ich möchte ihm gar nicht die Schuld dafür geben. Ich sehe, dass ich die Kraft finden und lernen muss, alleine damit klarzukommen. Aber es fällt mir schwer, mich anzuhehmen, wenn ich so außer mir bin."
„Ok, du gehst gerade durch eine schwierige Zeit, und es ist nachvollziehbar, dass dich das aus deiner Mitte bringt. Es wäre gut, wenn du zuerst akzeptieren könntest, dass du durcheinander bist. Vielleicht ist es ein guter Rahmen, um innere Stärke und Raum für dich zu gewinnen. Beobachte dein Misstrauen und dann siehst du vielleicht, dass es nichts mit ihm zu tun hat."
Je mehr wir sie darin anleiten konnten, sich ihres Körpers bewusst zu sein, ihn zu spüren und die negativen Gedanken zu erkennen, die oft damit einhergehen, je ruhiger wurde sie und sie musste sich auch nicht mehr an Michael abreagieren. Er freute sich natürlich über diese Entwicklung und so konnte er sich auch wieder für sie öffnen und mit ihr kommunizieren.

Empfindsamkeiten lassen sich nicht leicht aushalten, wenn wir provoziert werden. Das wird durch die negativen Gedanken, die dann auftauchen, noch erschwert und das umso mehr, wenn wir ihnen glauben. Negative Gedanken befeuern unsere Reaktionen zusätzlich noch. Es kann hilfreich sein, sich die Gedanken aufzuschreiben, die uns zwingen könnten zu reagieren.
Hier sind ein paar Beispiele:

1. Das ist zu viel, dieses Gefühl halte ich nicht aus.

2. Er oder sie muss sich ändern, sonst kann ich nicht glücklich werden.

3. Wenn ich nichts tue, wird sich nie etwas ändern.

4. Er oder sie müsste wissen, was das mit mir macht und wie sehr es mich stört.

5. Er oder sie sollte sich nicht so verhalten. Wenn er oder sie mich wirklich liebte, würde er oder sie sich ändern.

6. Er oder sie passt doch nicht zu mir und es wäre dumm, wenn ich offen bleiben würde.

Wenn wir diesen Gedanken glauben, ist es nachvollziehbar, dass wir reagieren, um uns aus unangenehmen Situationen zu befreien. Es ist wichtig zu verstehen, dass diese Gedanken Überlebensstrategien aus alten Verletzungen sind, die wir in die Zukunft projizieren, und es ist ganz normal, dass wir ihnen erst einmal glauben. Sie tauchen immer automatisch auf und speisen sich aus alten Gewohnheiten, die uns in der Regel nicht bewusst sind.

Aber wir können uns von ihrer Zwanghaftigkeit befreien, wenn wir unsere Aufmerksamkeit ganz gezielt auf sie lenken, denn sobald wir sie erkennen, verlieren sie die Macht über uns. Wir gewinnen Abstand und sind in der Lage die Anspannung im Körper wahrzunehmen, die durch die Angst entstanden ist. Alte Gewohnheiten tauchen nur auf, weil wir uns nicht zutrauen mit den unangenehmen Gefühlen umzugehen und davor will uns unser Verstand schützen.

Auf der Reise zum „Containment" können wir wieder auf natürliche Art zu unserer inneren Weisheit zurückfinden. In diesem Raum gewinnen wir tiefe Einsichten, wie wir mit unangenehmen Erfahrungen des Verlusts und Verlassenheitsgefühlen umgehen können.

Es gibt drei Möglichkeiten, mit diesen Situationen umzugehen:

- Wir versuchen, die Beziehung so zu akzeptieren, wie sie ist.

- Wir können den anderen fragen, ob er oder sie bereit ist, gemeinsam Hilfe zu suchen, um die Situation zu verbessern.

- Wir können die Beziehung beenden.

Auf jeden Fall ist es keine gute Alternative und auch nicht gesund, in so einer unangenehmen Situation zu bleiben, in der man sich immer über den anderen beschwert und ihm die Schuld gibt. Wollen wir „Containment" lernen, brauchen wir Zeit, Geduld, Durchhaltevermögen und ganzen Einsatz – man muss sich ganz darauf einlassen. Es ist aber einer der wichtigsten Schritte, wenn man lernen will, wie eine intime Beziehung funktionieren kann.

Übung

Frage dich:

1. Bei welchen Gelegenheiten fühle ich mich vom Partner oder Freunden leicht provoziert?

2. Wie reagiere ich normalerweise, wenn das passiert?

3. Welche Erwartungen von mir werden in diesem Moment nicht erfüllt?

4. Glaube ich, dass es die Aufgabe des anderen ist, mein Bedürfnis zu erfüllen?

5. Was würde geschehen, würde ich nicht reagiere und nur die Irritation spüre? Wie fühlt sich das in meinem Körper an und welche Stimmen tauchen auf?

Geführte Meditation zum Thema Containment

(Du kannst diese Meditation laut vorlesen und aufnehmen, damit du sie danach für dich abspielen kannst, oder du lässt sie dir vorlesen.)

Suche dir zuerst eine angenehme Position im Sitzen oder Liegen ...
so, dass du es bequem hast und du ungestört bist.
Erlaube dir langsam, dich zu entspannen.
Schließe deine Augen und richte deine Aufmerksamkeit jetzt nach innen.
Du gehst immer tiefer und entspannst immer mehr.
Erlaube dir, tief zu entspannen und in dein Bewusstsein hineinzusinken.
Der Körper entspannt sich und du bleibst aufmerksam und wach
und beobachtest deinen Atem, wie er von alleine kommt und geht.
Nimm dir Zeit, um deine Körperwahrnehmungen zu spüren.
Du bist ruhig und entspannt und spürst den Raum in dir. Du bist in dir selbst zu Hause und in deiner eigenen Mitte.
Wahrscheinlich kennst du diesen inneren Raum und deine Mitte auch aus anderen Erfahrungen. Du erlebst diesen Raum, wenn du z.B. in der Natur spazieren gehst, Sport machst, mit einem Kind spielst, bei deinem Hobby oder anderen Aktivitäten, die dir Freude machen.

Denn dieser Raum ist dein Zuhause und es ist gut zu wissen, dass du jederzeit dahin zurückkehren kannst.
Du weißt, dass du in diesen Raum immer zurückkehren kannst, wenn es im Leben Probleme gibt. Dort kannst du deinen Atem spüren und bist tief in dir selbst angekommen.
Natürlich gibt es im Leben immer Situationen, die dich aus deiner Mitte bringen können.
Besonders wenn wir uns auf enge Beziehungen einlassen, gibt es immer wieder Anlässe, die uns aus der Mitte bringen.
Vielleicht fühlst du dich provoziert, wenn du missverstanden wirst oder wenn dein Partner dich ignoriert, vielleicht fehlt es an Kommunikation oder Verbindung oder es fehlt dir Zuneigung, Anerkennung und Akzeptanz. Du vermisst vielleicht spielerische, positive Energie oder Initiative bei deinem Partner, oder es stört dich, wenn du dich nicht respektiert fühlst, wenn du aggressiv behandelt oder misshandelt wirst.
Alle diese Verhaltensweisen können dich stark irritieren.
Nimm dir jetzt einen Moment, um dir einen oder mehrere dieser Auslöser vorzustellen. Vielleicht etwas, das du erst vor kurzem erlebt hast oder auch etwas, das regelmäßig in deinem Leben geschieht.
Gehe nochmal zurück zu diesem Erlebnis.
Jetzt stell dir vor, es würde in diesem Moment passieren.
Du siehst dich selbst in dieser Situation und du siehst auch, wer dich provoziert hat.
Was nimmst du in deinem Körper wahr?
Welche Wahrnehmungen oder Gefühle kannst du spüren?
Tauchen in dieser Situation Gedanken auf?
Dann stell dir vor, wie du bisher auf solche Situationen reagiert hast und immer noch reagieren würdest.

Vielleicht wirst du wütend und zeigst es deinem Partner auch.
Vielleicht gibst du ihm oder ihr die Schuld und beschwerst dich über deinen Partner.
Vielleicht ziehst du dich zurück und beendest den Kontakt.
Beobachte deine Reaktion und achte auch auf die Irritation, die deiner Reaktion zugrunde liegt.
Spüre, wie stark sie ist.
Und beobachte auch, wie automatisch und zwanghaft die Reaktion ist.
Vielleicht reagierst du schon sehr lange und immer wieder so und es ist zu einer Gewohnheit geworden.
Du kannst dir vielleicht gar nicht vorstellen, dass du auch eine andere Wahl hättest als zu reagieren.
Vielleicht denkst du, du musst dich schützen, damit nichts Schlimmeres passiert.
Wir reagieren immer so, wie es früher für unser Überleben notwendig war und glauben, dass es auch heute noch richtig ist.
Nimm dir einen Moment und spüre die Glaubenssätze, die deine Reaktion auslösen.
Aber es gibt auch einen anderen Weg.
Stell dir vor, du würdest in dieser Situation tief nach innen sinken.
Und während du am Sinken bist, spürst du die Spannungen in deinem Körper.
Vielleicht in deiner Brust, im Bauch oder in den Schultern.
Vielleicht bist du frustriert oder wütend.
Vielleicht spürst du Panik oder Angst.
Oder du fühlst dich erniedrigt und beschämt.
Atme in diese Irritationen hinein.
Lass deinen Atem in diese angespannten oder aufgebrachten Bereiche

deines Körpers fließen und spüre, wie sie sich langsam beruhigen.
Versuche all diesen Gefühlen und Wahrnehmungen Raum zu geben.
Wenn die Störung sich beruhigt hat, schaust du dir die Situation noch einmal an. Vielleicht hast du jetzt etwas mehr Abstand dazu.
Schau dir an, was dich früher und heute noch provoziert hat.
Schau dir an, wie sehr es dich gestört hat und es immer noch tut.
Schau dir an, wie automatisch und zwanghaft du immer darauf reagierst.
Vielleicht kannst du sehen, dass die Situation durch deine Reaktion noch eskaliert ist und es noch schlimmer wurde.
Bemerke, wie stark der Druck ist, zu reagieren
und schau, was passiert, wenn du ganz bewusst nicht in die Reaktion gehst.
Wenn du alle Gefühle, die aufkommen, da sein lässt, siehst du, dass du sie auch aushalten kannst.
Komm dann langsam wieder in deine Mitte zurück – auch wenn es ab und zu noch Störungen gibt.
Spüre, wie die Würde zurückkommt, wenn du in deine Mitte zurückfindest, auch wenn dich immer noch etwas stören sollte.
Du kannst dir vornehmen, es weiter zu üben und wirst sehen, dass du immer mehr zu dir selbst, in den Raum in deiner Mitte zurückkommen kannst, wenn Probleme im Leben auftauchen, auf die du früher sofort reagiert hättest.
Es wird etwas Zeit brauchen, bis du in der Lage bist, in solchen Situationen Abstand zu deinem Partner, Freund oder Kollegen zu halten, weil der Druck zu reagieren sehr groß sein kann.
Mit der Zeit und entsprechender Übung wird es aber immer einfacher, zu dir selbst zurückzufinden.
Es kann sein, dass du später, wenn du wieder in deiner Mitte bist,

etwas mitteilen willst. Dann kannst du vielleicht darüber sprechen, dass diese Situation Angst in dir ausgelöst hat und vielleicht sogar, was für Ängste das genau waren.

Jetzt kannst du langsam wieder zurückkommen.
Bewege deine Finger und Zehen und spüre, wie die Energie wieder in deinen Körper zurückkommt.
Vielleicht magst du einen tiefen Atemzug nehmen und kommst immer mehr zurück.
Wenn du so weit bist, kannst du deine Augen öffnen.
Du bist jetzt wieder da und du bist ganz bewusst und wach.

„Man muss sich seiner inneren Leere stellen – sie leben und annehmen. Im Annehmen verbirgt sich eine gewaltige Revolution – eine tiefe Erkenntnis.
In dem Moment, indem du das Alleinsein und deine innere Leere akzeptierst, verändert sich ihre Qualität. Sie kehrt sich ins Gegenteil und verwandelt sich in Überfluss, in tiefe Erfüllung aus überfließender Energie und Freude.
Entsteht aus diesem Überfluss heraus Vertrauen und Freundlichkeit, ist es voller Bedeutung und Tiefe. Entsteht daraus Liebe, ist es mehr als nur ein Wort, dann ist es wirklich dein Herz."

Osho, Verliebt in das Leben, #11

11. Zum Individuum werden

Es gibt eine weitere wichtige Lektion zu lernen, wenn wir uns auf eine intime Beziehung einlassen wollen. Wir müssen zum Individuum werden, unsere eigene Wahrheit finden und ihr gemäß leben. Das ist eine der größten Herausforderungen in einer Partnerschaft.

Wir alle haben eine tiefe Sehnsucht nach Verbundenheit und wenn jemand wichtig für uns wird, ist es ganz natürlich, dass wir uns langsam aneinander anpassen. Die Energien beider Personen treffen sich und verschmelzen. Wenn wir nicht wirklich in uns selbst ruhen, kann es aber sein, dass wir uns unbewusst immer weiter anpassen. Ohne es überhaupt zu merken, ändern wir unseren Lebensrhythmus, das Essen und passen uns auch mit unserer Meinung immer weiter aneinander an. Um dem anderen besser zu gefallen, ändern wir vielleicht unser Aussehen und den Stil unserer Kleidung, wir vernachlässigen unsere Hobbys und unsere Freunde. So verlieren wir unter Umständen völlig den Kontakt zu den eigenen Bedürfnissen, Gefühlen und Einstellungen und das kann so weit gehen, dass wir gar nicht mehr wissen, was unsere Wahrheit ist. Wir glauben dann wirklich, das was wir tun, fühlen, sagen oder denken, würde aus uns kommen, und so verlieren wir uns irgendwann selbst.

Weil wir so tiefgreifende Kompromisse eingehen, verlieren wir den Kontakt zu uns, während wir uns energetisch dem anderen anpassen. Am Ende führt das dazu, dass wir leicht reizbar werden und uns der kleinste Anlass wütend machen kann. Diese Reizbarkeit entsteht, weil wir nicht mehr in Kontakt mit uns selbst sind. Das merken wir oft nicht, denn die Ursachen liegen weit in der Vergangenheit, in den Konditionierungen unserer Kindheit. Vielleicht wurden wir als Kind bevormundet, nicht unterstützt oder nicht motiviert und das hat ein bestimmtes Muster in uns hinterlassen. Wir werden dann mit diesem Muster erwachsen und es wird sich immer wieder in engen Beziehungen oder auch in Freundschaften zeigen. Oder wir haben so wenig liebevolle Nähe erfahren und sind so hungrig, dass wir bereit sind, uns total anzupassen.

Hier sind ein paar Beispiele, wie sich das zeigen kann:

Peter verhält sich gegenüber seiner Frau Teresa wie ein verwöhntes Kind. Er erwartet von ihr, dass sie sich um ihn kümmert, mit ihm Sex hat, wenn er es möchte, ihm zu essen kocht, was er haben möchte und sogar, dass sie ihm teure Geschenke macht, weil sie ein großes Vermögen von ihrem Vater geerbt hat. Er besteht sogar darauf, dass sie für ihn bezahlt, denn sie hat ja genug Geld. Aber wenn man so hohe Ansprüche stellt, ist es unmöglich für die andere Person, großzügig zu sein.

Santoshi ist seit fünf Jahren mit Anand zusammen. Sie fühlte sich ursprünglich zu ihm hingezogen, weil sie dachte, er sei sehr spirituell und würde viel meditieren. Im Spirituellen sah sie sich selbst als Anfängerin und glaubte, sie würde viel von ihm lernen können. Inzwischen, fünf Jahre später, ist sie von der Tiefe seiner Weisheit nicht mehr so überzeugt und findet, er sei auf einem Egotrip und völlig abgespalten von seinen Gefühlen. Santoshi hat ihren Vater immer bewundert. Er war ein erfolgreicher Geschäftsmann und hochgradig egozentrisch, der jeden verurteilte, den er als Verlierer ansah. Ihre Mutter war von diesem Ehemann völlig eingenommen und hatte nie den Mut sich gegen ihn zu stellen, obwohl er sie immer wieder verbal erniedrigte. Santoshi fühlte sich dann immer von Männern angezogen, zu denen sie aufsehen konnte, wie es auch mit ihrem Vater gewesen ist, und so verlor sie sich selbst,. Sie hat sich emotional bis heute nicht von ihrem Vater gelöst und sucht immer noch nach dem Helden, in den sie sich verlieben kann.

Und dann ist da noch das Beispiel von Anthony, der seiner Freundin Madeleine keine Grenzen setzen kann. Sie ist wütend auf ihn, weil er nicht genug Zeit für sie hat, weil er nach der Arbeit noch zum Sport geht, anstatt sofort nach Hause zu kommen; weil er sich nicht genug um sie kümmert, wenn sie traurig ist oder sich einsam fühlt; weil er keine klaren Vorstellungen über ihre gemeinsame Zukunft hat oder weil er nicht sofort Kinder haben möchte. Früher musste er sich immer um seine depressive Mutter kümmern und kann sich bis heute nicht vorstellen, wie er seine Bedürfnisse bei Madeleine durchsetzen könnte. Er kann noch nicht einmal wütend auf sie sein, obwohl sie so hohe Anforderungen an ihn stellt und nicht bemerkt, dass er nach einem langen Arbeitstag unbedingt Sport machen will. Und er hat auch keine klaren Vorstellungen über ihre Zukunft. Er fühlt sich stattdessen verantwortlich für Madeleines Gefühle und würde die Schuldgefühle nicht aushalten, wenn er sie verletzen würde – er mag nicht einmal daran denken.

Viele von uns sind in der Kindheit von negativen Mustern geprägt worden, was dazu führte, dass wir unsere eigenen Grenzen und unser Selbstwertgefühl verloren haben. Diese Art von negativen Prägungen wurden oft noch durch verbalen, sexuellen und physischen Missbrauch verstärkt. So haben wir schon früh das Gefühl für uns und unser Selbstvertrauen verloren. Eigentlich hätten in der Kindheit unsere inneren Qualitäten unterstützt werden müssen, denn als Kind haben wir noch kein Gefühl für uns selbst und sind abhängig davon, was die Erwachsenen sagen und tun.

Als Kind verlieren wir das Gefühl der Zuversicht und Vertrauen in unsere Gefühle, Intuition und Intelligenz, wenn wir in einem repressiven, autoritären, moralistischen und angespanntem Umfeld aufgewachsen sind oder wenn es Gewalt in der Familie gab, wenn zu hohe Erwartungen an uns gestellt wurden, wie und wer wir zu sein hätten, wenn wir für einen oder beide Elternteile verantwortlich sein mussten oder wenn wir kontrolliert, vereinnahmt, verwöhnt oder bevormundet wurden.

Wir empfinden dann tiefe Scham über den inneren Mangel, weil wir unser eigenes Leben nicht in der Hand haben. Also versuchen wir unser Selbstwertgefühl durch Liebe und Anerkennung von außen zu stärken. Wir sorgen für andere und heben Geliebte, Freunde oder andere Autoritäten auf einen Sockel, weil wir unsere eigene Wahrheit nicht kennen. Wir sind geblendet vom Hunger nach Liebe und sind tief verunsichert mit schrecklichen Schuldgefühlen, weil wir andere verletzen oder enttäuschen könnten und haben Angst, dass wir niemals die Liebe und Sicherheit bekommen werden, nach der wir uns so sehr sehnen. Tief im Inneren nehmen wir uns selbst als mangelhaft und ungenügend wahr. Solange wir nicht in der Lage sind, uns als Individuum wahrzunehmen und zu erleben, bleiben wir in einem Zustand voller Wut, Ablehnung, Depression und im Burnout.

Wie wir unsere Individualität entdecken und leben lernen

1. Wir werden uns darüber bewusst, dass negative Konditionierungen und die Bindung an unsere frühen Bezugspersonen dazu geführt haben, dass wir den Kontakt zu unserer Wahrheit und Individualität verloren haben.

2. Wir nehmen wahr, wann und wie sehr wir in unserem Leben heute unsere Kraft und uns selbst verlieren.

3. Wir erkennen unsere Ängste und Schuldgefühle, die auftauchen, wenn wir zu unserer Wahrheit stehen.

4. Wir achten aufmerksam auf die Wahrnehmung unseres Körpers und beginnen seinen Signalen zu vertrauen. Im Inneren wissen wir, was richtig und was falsch für uns ist, aber bisher haben wir nie darauf gehört.

5. Wir beginnen, den Körper ernst zu nehmen, indem wir für Bewegung sorgen und unsere Mitte stärken. Wenn wir in unseren Körper hineinspüren und unsere Lebensenergie regelmäßig mobilisieren, festigen wir unsere innere Struktur und unser Selbstbewusstsein auf natürliche Art.

6. Schließlich lernen wir auch, unsere eigenen Grenzen zu respektieren. Wir gehen das Risiko ein, unser Leben an der eigenen Wahrheit auszurichten und authentisch zu sein. Wenn nötig, sind wir jetzt auch in der Lage, unsere Grenzen zu ziehen.

Am Anfang wissen wir wahrscheinlich gar nicht, ob wir uns selbst gegenüber ehrlich sind oder nicht, denn das erfordert viel Bewusstheit. Wir müssen bereit sein, zu experimentieren, denn erst wenn wir diese Schritte üben, kann sich in uns ein Selbstwertgefühl entwickeln. Wir haben unser Leben dann langsam wieder selbst in der Hand und verlieren uns und unsere Grenzen nicht mehr so oft aus dem Blick.

Irgendwann geben wir unsere Kraft nicht mehr auf, sondern sind entschlossen, auf eigenen Füßen zu stehen und die Verantwortung für unser Leben zu übernehmen. Dann können wir auch die alten Vorstellungen und Glaubenssätze loslassen, die wir als Kind gelernt haben und die uns bis heute prägen: dass wir hilflos, kraftlos und wertlos wären. Wir beginnen selbständig zu denken und entwickeln eine natürliche Intelligenz. So sind jetzt wir in der Lage unsere eigenen Werte und unserer Energie zu vertrauen.

Übung

Frage dich:

. Verliere ich mich selbst, wenn ich anderen näherkomme?

. Wenn ja, was denke ich in diesen Momenten?

. Welche Gefühle führen dazu, dass ich mich verliere – Schuldgefühle, Angst oder Scham?

. Wovor habe ich Angst oder fühle ich mich schuldig?

. Was wäre meine Wahrheit in diesem Moment?

. Welche Risiken müsste ich eingehen, um meine Wahrheit zu erkennen?

Eine geführte Meditation, um die eigene Kraft wiederzufinden

(Du kannst diese Meditation laut vorlesen und aufnehmen, damit du sie danach für dich abspielen kannst, oder du lässt sie dir vorlesen.)

Finde eine angenehme Position im Sitzen oder Liegen...
so, dass du bequem und ungestört bist.
Erlaube dir langsam, dich zu entspannen.
Schließe deine Augen und richte deine Aufmerksamkeit und dein Bewusstsein nach innen.
Du gehst immer tiefer und entspannst immer mehr.
Erlaube dir tief zu entspannen und in dein Bewusstsein hineinzusinken.
Während du dich entspannst, bleibst du aufmerksam und wach.
Du beobachtest deinen Atem, wie er ganz von alleine kommt und geht.
Während du dich entspannst, nimm dir Zeit, um in deinen Körper zu spüren.
Spüre auch die feineren Wahrnehmungen deines Körpers und versuche alles zu akzeptieren, was du an Wahrnehmungen entdecken kannst.
Atme sanft in alles, was sich zeigt. Vielleicht fühlst du dich ruhig und friedlich und das ist dann so.
Spürst du Unruhe oder Störungen in dir, darf das auch da sein.
Jetzt schauen wir, was mit dir geschieht, wenn du jemandem näherkommst.
Stell dir vor, gerade ist jemand vor dir, dem du nahestehst.
Es liegt an dir, wie nahe oder wie fern du die Person gerne haben möchtest.
Nimm dir ein paar Momente Zeit und spüre, wie es sich anfühlt, dass diese Person anwesend ist.
Achte auf alles, was du im Körper wahrnimmst, wenn die Person vor dir steht.

Spürst du Beunruhigung, Angst oder Aufregung? Oder auch den Wunsch, dass er oder sie näherkommen sollte?

Bemerkst du, dass du dich völlig auf diese Person konzentrierst und dir Gedanken machst, was er oder sie über dich denkt oder fühlt und wie sie dich sieht?

Verlierst du dabei den Kontakt zu dir selbst?

Wie fühlt sich das im Körper an? Kannst du eine Veränderung in dir wahrnehmen, seit dem Moment, als du noch ganz bei dir warst?

Bemerkst du, dass sich inzwischen auch dein Verhalten verändert hat?

Zweifelst du vielleicht an dir, deinen Gedanken, Einstellungen oder Handlungen? Beginnst du auch daran zu zweifeln, was du selber fühlst oder brauchst?

Verlierst du vielleicht sogar den Kontakt zu deinen Gefühlen?

Idealisierst du diese Person auf irgendeine Art? Fühlst du dich manchmal wie ein Kind im Kontakt mit dieser Person?

Gibst du deine eigene Kraft auf, um den Konflikt mit dem anderen zu vermeiden oder aus Angst vor seiner Reaktion?

Jetzt schauen wir uns an, wie wäre es, wenn du deine Kraft zurückholen würdest.

Würden Schuldgefühle oder Angst auftauchen, wenn du auf deine eigenen Gefühle, Bedürfnisse und Energie achten würdest, du das tun würdest, was für dich stimmt?

Nimm dir etwas Zeit und spüre, ob Schuldgefühle und Angst auftauchen.

Das sind die ersten Schritte, um die Achtung für dich selbst zurückzugewinnen.

Du erinnerst dich vielleicht auch, wie es war, als du dich selbst verloren hast – geschah das mit den Eltern oder den Geschwistern?

Welche kleinen Schritte könntest du tun, um zu dir zurückzukommen und bei dir selbst zu bleiben, auch wenn die andere Person weiter anwesend ist? Mit Übung wird es langsam einfacher werden, deine eigene, selbstständige Individualität zu erkennen, die dich von anderen Personen unterscheidet. Später, wenn du wieder bei dir bist, möchtest du dieser Person vielleicht etwas mitteilen und dich ihm oder ihr zeigen.

Jetzt kannst du dir langsam erlauben, wieder zurückzukommen.
Bewege sanft deine Finger und Zehen und lass die Energie in deinen Körper zurückfließen.
Vielleicht magst du einen tiefen Atemzug nehmen und immer mehr zurückkommen
und wenn du so weit bist, kannst du deine Augen öffnen.
Du bist jetzt wieder da, ganz bewusst und wach.

„Du glaubst nicht, dass dich jemand lieben könnte, weil du dich selbst nicht lieben kannst. Du hast dich selbst noch nie in all deiner Schönheit, Anmut und Großartigkeit gesehen, wie sollst du es da glauben, wenn jemand sagt: „Du bist schön. In deinen Augen sehe ich unfassbare Tiefe von enormer Schönheit. In deinem Herzen spüre ich den Rhythmus des Universums.“
Du wirst es nicht glauben können – es ist einfach zu gewaltig, denn du bist gewohnt, verurteilt, bestraft und abgelehnt zu werden. Du bist gewohnt, dass man dich nicht so haben will, wie du bist und deshalb kannst du solche Urteile auch leicht akzeptieren.
Erst die Liebe wird das tiefgreifend verändern, denn du wirst dich selbst verändern müssen, bevor du sie annehmen kannst. Zuerst aber musst du lernen, dich selbst ohne Schuldgefühle zu akzeptieren.“

Osho, Satyam, Shivam, Sunderam. #5

12. Verletzlichkeit zulassen

Wenn wir auf die Reise gehen, um zu lernen, wie man liebt, und wie man Liebe erhalten kann, benötigen wir ein weiteres Werkzeug. Dazu müssen wir verstehen, dass es zwei ganz unterschiedliche *Seinszustände* gibt – einen im Schutzmechanismen und einen Zustand der Verletzlichkeit.

In der Regel denken wir, verletzlich zu sein heißt, zu weinen und sich selbst zu bedauern, aber eigentlich ist das Gegenteil der Fall. Verletzlich zu sein, heißt einfach den Mut zu haben, authentisch zu sein, ohne Masken, ohne Rollen und auch ohne sich selbst etwas vorzumachen. Mitzubekommen, was tatsächlich in uns los ist und bereit sein, es zu zeigen, auch wenn es sich dabei um Unsicherheit, Angst, Verletzlichkeit oder Aufgeregtheit handelt. Es braucht Mut, um zu zeigen, wie man wirklich ist.

Bei vielen langjährigen Beziehungen haben sich die Partner in ihre automatischen Verteidigungsstrukturen zurückgezogen und dann ist die Beziehung entweder voller Konflikte oder man hat sich entfremdet, aber in beiden Fällen ist der Liebesfluss unterbrochen.

Wir haben in der Regel nicht gelernt, uns unsere Verletzlichkeit zu bewahren. Zu Anfang einer Beziehung ist es meistens leicht, verletzlich zu sein, denn es wurden noch keine wunden Punkte in uns berührt. Aber mit der Zeit fühlen wir uns provoziert, wenn unsere wunden Punkte berührt werden und ziehen uns ganz automatisch und unbewusst in unsere Verteidigungsstrukturen zurück. Es ist viel einfacher, innerhalb dieser Verteidigungsstrukturen zu bleiben als sich mit Ängsten auseinanderzusetzen und unser Misstrauen und den emotionalen Panzer um uns herum zu hinterfragen. Deshalb ist es entscheidend, dass wir lernen, wie wir uns wieder aus diesem Schutzraum heraus in den Raum der Verletzlichkeit bewegen können. Aber zuerst muss man in der Lage sein, den Unterschied überhaupt zu spüren.

Am Anfang einer Beziehung sind wir offen miteinander, genießen die Verbundenheit und wenn es eine romantische Beziehung ist, erleben wir auch eine offene und lebendige Sexualität. Diese anfängliche Offenheit dauert aber meist nur kurz, denn wenn ein wunder Punkt berührt wird und wir nicht tiefer gehen, um dahinterzuschauen, kommen unsere Verteidigungsstrategien schnell zurück.

Peter und Anna sind seit 19 Jahren zusammen und die ersten beiden Jahre lief alles sehr gut. Sie waren unsterblich ineinander verliebt, hatten ein lebendiges Sexleben und waren oft zusammen in Urlaub oder gingen mit ihren Freunden auf Partys. Mittlerweile haben sie Kinder, aber im Laufe der Zeit hat sich etwas radikal verändert. Beide haben Karriere gemacht und verbrachten immer weniger Zeit miteinander. Wenn sie dann mal zusammen waren, gab es Streit wegen der Finanzen oder der Kindererziehung, und der Sex war inzwischen ganz eingeschlafen.

Sie hatten nie Werkzeuge für innere Transformation und Kommunikation in die Hand bekommen und waren beide auf ein aktives, leistungsorientiertes Leben programmiert. Sie achteten nur auf Äußerlichkeiten und hatten so die Verbindung zu sich selbst verloren. Weil sie sich ihrer inneren Erfahrungen nicht bewusst waren, konnten sie sich auch nicht mitteilen. Beide hatten nie gelernt Konflikte auf eine gesunde Art zu lösen und wussten nicht, wie sie für sich selbst und den anderen verletzlich bleiben könnten. Sie hatten auch sonst nicht mitbekommen, dass es möglich ist, Verletzlichkeit und tiefe menschliche Nähe zuzulassen.

Die Macht unserer Verteidigungsstrukturen

Als Erstes wollen wir uns ansehen, wie gewohnheitsmäßig, automatisch und zwanghaft unsere Verteidigungsmechanismen und unsere Einstellungen sind. Wenn zwei Personen viel Zeit miteinander verbringen, übernehmen früher oder später „Standardverteidigungsmechanismen" die Führung, denn sie sind uns vertraut und wir fühlen uns damit sicher.

Wir lenken uns vielleicht durch Arbeit ab, durch Fernsehen oder Pornografie oder wir betäuben uns mit Marihuana oder Alkohol. So bleiben wir dumpf und unberührt. Manchmal sind wir zwanghaft unterwürfig und immer kompromissbereit, reizbar oder kämpferisch, haben starre Glaubenssätze und Prinzipien oder starre geistige Konzepte und ziehen uns in unsere eigene Welt zurück. Oder wir rechtfertigen uns, wenn wir uns verletzt, enttäuscht oder nicht respektiert fühlen. Vielleicht kümmert man sich nicht so um uns, wie wir es erwarten, und wir reagieren darauf.

Diese Verteidigungsstrukturen nennen wir „reaktive Verteidigung", denn es sind im allgemeinen impulsive, emotionale Reaktionen auf einen realen oder imaginären Auslöser. Wir haben das Gefühl, dass wir nicht geliebt werden, wir sind verunsichert und fühlen uns nicht respektiert. Nach außen verhalten wir uns dann kühl, wütend oder auch „normal", aber tief im Inneren sind wir verschlossen und abwehrend. Diese Reaktionen können chronisch werden, wenn wir unser Misstrauen bestätigt sehen und die anderen als Feinde wahrnehmen.

Andrea hat uns vor kurzem erzählt, dass sie oft von ihrem Ehemann Louis angegriffen wird und dass sich die Beziehung für sie nicht mehr gut anfühlt. Er war auch im Seminar und so baten wir beide, sich gegenüber zu setzen. Sie griff ihn sofort an: „Ich fühl mich nicht sicher bei dir. Du hast keine Ahnung, wie man eine Frau liebt und schon gar nicht mich!"

Er antwortete: „Eigentlich fühle ich mich nicht sicher mit dir. Ich versuche, dir nahe zu sein, aber was ich auch mache, es ist nie gut genug. Du sagst immer, dass ich nicht richtig zuhöre oder falsch reagiere. Wenn wir Sex haben, bin ich dir nicht einfühlsam genug. Ich weiß wirklich nicht, wie ich es dir recht machen soll."

Wir schlugen Andrea vor: „Schau mal, ob du die Energie von ihm wegnehmen kannst und aufhören kannst, ihm die Schuld zu geben. Versuche bei dir selbst zu bleiben und zuzulassen, dass du den Schmerz spürst, den diese Situation in dir auslöst."

Es dauerte eine Weile, bis sie sich spüren konnte und sie weinte. Sie sagte zu ihm: „Ich sehe, dass ich dich tatsächlich angreife. Aber ich bin verunsichert, denn ich glaube nicht, dass ich es wert bin geliebt zu werden – im Gegenteil, ich glaube, dass du mich irgendwann verlassen wirst."

Als sie das gesagt hatte und ihren Schmerz spüren konnte, bewegte sich Louis näher zu ihr hin. Er fragte, ob er sie umarmen dürfte, und sagte: „Das ist es, was ich hören musste. Ich weiß, dass du verunsichert bist, aber ich bin es auch und wenn du es zugeben kannst, liebe ich dich noch mehr. Ich habe darauf gewartet, dass du es spürst und es mir sagst."

Wir sind fast alle im Laufe der Zeit zu der Überzeugung gelangt, dass verletzlich zu sein Unsicherheit bedeutet. Wir mögen sehr stolz sein und denken, Verletzlichkeit sei ein Zeichen von Schwäche. Als Kind waren wir alle verletzlich, zu Hause oder in der Schule wurden wir erniedrigt und sind schlecht behandelt worden. Dann fühlt es sich natürlich nicht sicher an, sich wieder zu öffnen.

Verletzlichkeit bedeutet, dass wir unsere Wunden, die Verwirrung, den Zweifel, den Schmerz, die Angst und die Verunsicherung wahrnehmen und uns damit auch zeigen können.

Natürlich scheint es gerechtfertigt zu sein, dass wir „zumachen", wenn wir verletzt, nicht geliebt, nicht respektiert oder enttäuscht werden. Wir geben dann anderen die Schuld oder beschweren uns, dass wir unsere Verletzlichkeit nicht zeigen können, weil andere nicht offen, empfindsam, lebendig, respektvoll oder weit genug in ihrer Entwicklung sind. Auch das ist ein Schutzmechanismus und es erfordert viel Erkenntnis und Mut, sich aus diesem herauszubewegen – in die Verletzlichkeit. Da wir es ja gewohnt sind uns zu schützen, braucht es eine bewusste Entscheidung, wenn wir unsere Verletzlichkeit zeigen wollen. Oft sind wir erst dann bereit sie zu erforschen, wenn wir erkennen, dass es keine Liebe gibt, solange wir uns nicht öffnen – im Gegenteil, die anderen entfernen sich immer mehr von uns, wenn wir uns nicht öffnen.

Werkzeuge, wie man aus den Schutzmechanismen herauskommen kann und in die Verletzlichkeit gelangt

1. Der Unterschied zwischen Schutzmechanismen und Verletzlichkeit

Je mehr wir in der Lage sind, uns auf die inneren Wahrnehmungen des Körpers einzustimmen, umso einfacher wird es, den Unterschied zwischen beiden zu erkennen. Schutzmechanismen fühlen sich eng, hart, angespannt, rational, kalt und abgespalten an oder auch kollabiert, resigniert, gleichgültig, reizbar, wütend oder energielos. Wenn wir aus irgendeinem Grund verunsichert sind, spüren wir vielleicht Wut in uns aufkommen, eine Enge im Solarplexus, ein Gefühl der Sinnlosigkeit, der Hoffnungslosigkeit, Ruhelosigkeit oder das Gefühl abgespalten zu sein. Das sind alles Verteidigungsmechanismen und an diesem Punkt kommt es sehr schnell zu Reaktionen, zum Angriff oder Rückzug, man greift vielleicht zu Betäubungsmitteln, sucht nach Ablenkung oder flüchtet sich in sinnlosen Aktivismus.

Verletzlichkeit hingegen fühlt sich weich, herzlich und offen an. Anfangs kann es zwar auch schmerzhaft, beängstigend oder verunsichernd sein, aber die Verletzlichkeit zeigt sich ganz von selbst, wenn wir solche Gefühle der Verunsicherung aushalten und sie nicht bekämpfen. Wir werden lebendiger, wenn wir diese Gefühle zulassen, auch wenn sie beängstigend und unbekannt sein mögen, sonst bleiben wir im Verteidigunsgmodus und fühlen uns starr und tot. Wenn es uns dann gelingt, trotz der Verunsicherung ruhig zu bleiben, wird auch unser Atem ruhiger. Er wird leicht und sanft werden und unser Brustkorb und der Bauchraum werden sich öffnen. Unser Verstand ist nicht mehr so aktiviert und wir fühlen uns nicht mehr so überwältigt, hektisch oder chaotisch, sondern eher friedlich und entspannt.
Wenn wir den Unterschied zwischen beiden spüren, haben wir auch die Wahl und sehen, wann wir in unsere Standardmechanismen der Reaktion und Verteidigung zurückfallen. Letzteres ist meistens heftiger und deshalb leichter zu erkennen. Im ersten Fall reagieren wir automatisch und gewohnheitsmäßig und es ist uns gar nicht klar, dass es sich um einen Schutzmechanismus handelt. Nur wenn wir den Unterschied zwischen einem offenem und geschütztem Zustand kennen, haben wir eine Wahl. Dann kennen wir auch den Preis, den wir zahlen, wenn wir uns verschließen und wir wissen welche Vorzüge es hat, sich zu öffnen.

2. Erforschen, warum wir uns verschließen

Als Kinder sind wir alle offen, unschuldig und vertrauensvoll. Das ändert sich mit der Zeit, wenn wir immer wieder die Erfahrung machen, dass unsere Grenzen nicht respektiert werden, dass wir keine Liebe erfahren, sondern unter Druck stehen und hohe Erwartungen an uns gestellt werden. Wenn wir in unserer Geschichte nachforschen und uns fragen, wann wir uns verschlossen haben, können wir entdecken, warum und wann wir uns gesagt

haben: „Ich fühle mich nicht sicher, mich so zu zeigen wie ich bin. So wie ich dann behandelt werde, fühlt sich nicht gut an und deshalb ist es besser, meine Gefühle für mich zu behalten und mich zu verschließen. Dann geht es mir besser und das Leben geht weiter."
Jeder hat seine eigene Geschichte, wann und wie er oder sie sich zugemacht hat und es ist wichtig für uns, dass wir sie so gut wie möglich kennen, um wieder Intimität und Nähe zulassen zu können. Wenn wir erkennen, warum wir uns ursprünglich verschlossen haben, dann verstehen wir auch die Verteidigungsstrategien, die daraus entstanden sind.

3. Die Auslöser und ihre Wirkung erkennen, wenn wir uns verschließen

Die Auslöser lassen sich am besten erkennen, wenn wir darauf achten, wie Aufregung, Irritationen, Gefühlsschwankungen, Wut und Schmerz in uns provoziert werden. In der Regel versuchen wir diese Störungen zu vermeiden und weil wir nie gelernt haben, solche Gefühle auszuhalten, wollen wir sie lieber loswerden. Aber diese Gefühle zuzulassen und sie auszuhalten, ist tatsächlich das eigentliche Tor zu unserer Verletzlichkeit. Auf die Wahrnehmungen unseres Körpers zu achten, ist der erste Schritt, um den Zugang zu unserer Verletzlichkeit wiederzufinden. Später kann man reflektieren, was der Auslöser war, warum wir uns verschlossen haben und in die Reaktion gegangen sind und vielleicht erkennen wir, dass es mit Erfahrungen aus der kindheit zusammenhängt. Es ist einfacher zu verstehen, *weshalb* wir emotional reagieren und uns schützen wollen, wenn wir erkennen, *wie* unsere heutigen Auslöser mit den damaligen Verletzungen zusammenhängen.

4. Sich über den Schockzustand bewusst werden

Es ist wichtig, dass wir uns auch den Schockzustand ansehen, wenn wir es mit Verletzlichkeit zu tun haben.

Hier ist ein Beispiel:

Vor kurzem haben wir mit Simon gearbeitet, der in seiner Partnerschaft unglücklich ist. Wenn er mit seiner Partnerin Linda zusammen ist, kann er sich selbst nicht spüren, er kann sich auch nicht ausdrücken und deshalb sagt er gar nichts. Dann fühlt sie sich provoziert und besteht darauf, dass er etwas sagen sollte, weil sie sich ausgeschlossen und allein gelassen fühlt, wenn er nicht redet. Inzwischen ist es so schlimm, dass etwas geschehen muss. Auch für ihn war die Situation nicht mehr tragbar und er denkt immer wieder an Trennung. Er fühlte sich von ihr kritisiert und unter Druck gesetzt, denn sie erwartete von ihm, dass er sich ändern sollte. (In diesem Fall treffen zwei Wunden aufeinander – der Schock von Simon und Lindas Angst, verlassen zu werden.)

Wir schlugen vor, mal etwas anderes auszuprobieren und sagten zu Linda: „Schau mal wie es sich anfühlt, wenn du zu ihm sagst: ‚Simon, es aktiviert meine Wunde und ich fühle mich verlassen, wenn du nicht redest. Aber das ist meine Angelegenheit und ich will keinen Druck auf dich ausüben, weil ich gerne mit dir verbunden bleiben möchte. Vielleicht kannst du mir helfen zu verstehen, warum du so oft nichts sagst, wenn wir zusammen sind? Ich würde wirklich gerne wissen, was dann in dir vorgeht.'"

Er zögerte, wahrscheinlich weil er es gewohnt war sich zu verschließen, wenn sie ihn etwas fragte. Nach einer gefühlten langen Pause (die gar nicht so lang war) sagte er: „Linda, ich weiß einfach nicht, was ich sagen soll. Ich weiß, du möchtest, dass ich meine Gefühle ausdrücke und kommunikativer werde, aber ich finde einfach keine Worte für das, was ich fühle. Ich weiß nicht, aber es fühlt sich so an, als wäre da gar nichts und ich weiß, was ich sage, ist nicht das, was du hören willst."

„Das stimmt", sagte sie, „ich würde gerne mehr von dir hören, aber wenigstens sagst du jetzt etwas. Wenn du gar nichts sagst und einfach nur still bist, dann weiß ich nicht, wo du bist oder was mit dir los ist und das macht mir Angst. Dann mache ich dir Druck, weil ich dich nicht spüren kann und ich kann auch sehen, dass dich das provoziert und du wirst erst recht still. Aber wenn du wenigstens irgendwas sagst, spüre ich eine Verbindung zu dir. Dann kann ich deine Verletzlichkeit sehen und ich spüre, dass du dich öffnest, soweit es dir möglich ist."

„Und Simon, wie ist das für dich?", fragten wir ihn.

„Das hört sich gut an. Ich weiß, ich habe nie viel gesagt, aber wenigstens konnte ich jetzt etwas sagen. Ich fühle mich oft hilflos, weil ich selbst nicht genau weiß, was ich fühle und wie ich mich ausdrücken sollte."

„Simon, bei all dem Druck aus deiner Kindheit, es besser machen zu müssen, ist es kein Wunder, dass du dich bei Druck immer völlig verschließt, egal ob er real ist oder nur in deiner Vorstellung existiert. Es ist ein großer Schritt, sich darüber bewusst zu werden und auch zu sehen, wie tief das geht. Denn wenn wir im Schock sind, können wir kaum klar denken, wir können nichts fühlen und schon gar nicht darüber reden."

5. Sich aus der Verletzlichkeit heraus mitteilen

Wenn wir Verantwortung für unsere Schutzmechanismen übernehmen, können wir wieder jemandem näher kommen und uns mitteilen. Dabei ist es wichtig, dass wir bei der eigenen Erfahrung bleiben, wenn wir uns aus der Verletzlichkeit heraus mitteilen. Wir müssen unseren Schmerz, unsere Unsicherheiten und Ängste mitteilen, ohne den anderen zu beschuldigen oder ihm Vorwürfe zu machen. Das ist ein großer Bewusstseinsschritt.

Die eigene Verletzlichkeit erkennt man daran, dass sich die anderen mit uns verbunden fühlen. Wenn die anderen sich zurückziehen oder sich verteidigen, bedeutet das in der Regel, dass wir selbst noch mit Vorwürfen und Schutzmechanismen reagieren.

Wir sind verletzlich, wenn wir auf uns selbst eingestimmt sind, wenn wir akzeptieren und wertschätzen, was sich in unserem Inneren zeigt, ohne es zu bewerten oder irgendetwas verändern zu wollen. Dann sind wir in der Lage, uns so anzunehmen, wie wir sind, sind entspannt und für alle anderen es wird leichter, uns näherzukommen.

Übung

Stell dir einen Auslöser aus der Gegenwart vor und gehe folgende Schritte durch:

1. Wie erkenne ich den Unterschied zwischen einem Schutzmechanismus und der Verletzlichkeit?

2. In welchen Situationen verschließe ich mich normalerweise?

3. Wie kann ich diese Situationen nutzen, um mir über meine unerfüllten Bedürfnisse der Vergangenheit bewusst zu werden?

4. Brauche ich Zeit, um Verletzungen, Unsicherheiten und den Schmerz zu verarbeiten und um mir über diese Gefühle bewusst zu werden, bevor ich sie einer anderen Person mitteilen kann?

5. Wie kann ich in Zukunft darauf achten, bei Auslösern nach innen zu gehen und lernen, wie man Gefühle der Wut, Verletzung, Trauer, Verwirrung, Leere oder Verzweiflung erkennen kann, wenn sie provoziert werden.

„Das ist der große Konflikt zwischen Freunden und Liebenden: Keiner möchte seine Verteidigungsstrategien aufgeben und keiner möchte sich in seiner ganzen Nacktheit, Offenheit und Ehrlichkeit zeigen. Und doch suchen beide die Nähe."

Osho, The Hidden Splendor, #4

13. Warum wir aufhören miteinander zu sprechen und die Verbindung abbrechen

Ein Ehepaar nahm Sitzungen bei uns, weil sie kurz vor der Scheidung standen und herausfinden wollten, ob ihre Ehe noch zu retten war. Sonia, die Ehefrau, beschwerte sich, dass ihr Ehemann Andrew nie Zeit für sie hatte. Andrew erwiderte, dass er sehr viel Zeit mit ihr verbringen würde, aber er wollte auch Zeit für seine Freunde haben.
„Wenn wir zusammen sind, sagst du immer, dass du dich langweilst und einfach nur weg willst", sagte Sonia.
„Das stimmt nicht, ich möchte nur auch mit meinen Freunden Spaß haben dürfen, aber du hast immer etwas dagegen, wenn ich ohne dich ausgehe. Ich mag nicht von dir kontrolliert werden, das treibt mich von dir weg."
So ging das eine Weile hin und her, bis wir zu ihnen sagten: „Wie es aussieht, fehlt euch beiden ein grundlegendes Verständnis über Nähe und Intimität. Ihr wisst nicht, wie ihr eure Gefühle und die des Partners verstehen und mitteilen könnt, und deshalb langweilt ihr euch, wenn ihr zusammen seid."

Wenn man die Liebe lebendig halten will, muss man die Verbindung, also den Love *Flow* zwischen den Partnern oder Freunden lebendig halten. Bei Paaren oder Freunden, die lange zusammen sind, geht er aber oft verloren. Am Anfang ist er noch vorhanden, aber mit der Zeit wird er immer schwächer und wir entfremden uns oder verlieren die Verbindung. Dann lenken wir uns gerne ab, durch Arbeit, Hobbys oder dem Internet.

Hier sind einige der Gründe, warum das geschieht:

1. Einer oder beide nehmen den anderen für selbstverständlich und die praktischen Dinge des Lebens, die Arbeit, Finanzen, Kinder, Sport usw., rücken in den Vordergrund.

2. Einem oder beiden fehlt das Werkzeug oder auch die Bereitschaft in Verbindung zu bleiben und zu kommunizieren.

3. Wenn wir dann kommunizieren, tun wir es aus einem unreifen Zustand heraus, beschuldigen den anderen oder versuchen ihn zu ändern. In diesem Zustand sind wir nicht wirklich an den Gefühlen des anderen interessiert, sondern es geht uns nur um unsere eigenen Ängste, Bedürfnisse und Gefühle.

4. Manchmal gibt es auch ungelöste emotionale Themen, die dazu führen, dass wir uns voneinander entfernen und wütend aufeinander sind.

5. Einer oder beide sind vielleicht mit dem eigenen Leben so beschäftigt, gestresst oder überfordert, dass man gar nicht für den anderen da sein kann oder will.

Schauen wir uns einige dieser Punkte mal etwas genauer an.

1. Sich gegenseitig für selbstverständlich halten

Die Basis für Verbundenheit und Kommunikation ist am Anfang meistens die gegenseitige Anziehung und Sex. Wenn man aber länger zusammen ist und auch zusammenbleiben und gemeinsam wachsen will, werden die

Anforderungen sehr viel größer und man muss sich bemühen und braucht auch Werkzeug, damit das Zusammensein funktionieren kann. Dazu kommen viele zeitaufwändige Anforderungen bei der Arbeit, für die Kinder und die Finanzen, um die man sich kümmern muss, und so werden wir schnell von der eigentlichen Beziehung abgelenkt. Oft sind wir sogar dankbar für solche Ablenkungen, denn es ist einfacher und bequemer, sich in irgendwelchen Aktivitäten zu verlieren, als sich für die innere Arbeit und zum Erlernen der Werkzeuge anstrengen zu müssen und sich den Ängsten zu stellen, die aufkommen, wenn wir offen bleiben.

Caroline hat vor kurzem in einem Seminar gesagt, dass die Beziehung zu ihrem Ehemann, der auch da war und mit dem sie seit 15 Jahren zusammen ist, ihren Glanz verloren hätte. „Ich bin gelangweilt und habe kein Interesse mehr am Sex mit ihm, sondern fühle mich zu einem anderen Mann hingezogen. Deshalb habe ich schreckliche Schuldgefühle, denn wir haben drei Kinder und ich möchte unsere Familie nicht zerstören. Aber so kann es auch nicht weitergehen, denn innerlich sterbe ich, aber gleichzeitig liebe ich meinen Mann auch und möchte ihn nicht verlieren."
Wir fragten sie: „War das schon immer so oder hat sich eure Beziehung verändert?"
„Wir reden nicht mehr miteinander und machen nichts mehr gemeinsam. Wenn er von der Arbeit nach Hause kommt, schaut er Fernsehen, spielt Tennis, trifft seine Freunde und ist ansonsten mit seinem Telefon beschäftigt. Am Anfang war das nicht so. Wir redeten viel miteinander, hatten viel Sex und wir beide hatten das Gefühl, dass wir den perfekten Partner und eine perfekte Familie gefunden hatten. Aber inzwischen ist alles anders. Wir betrachten uns als selbstverständlich und die Leidenschaft ist verschwunden, es gibt kein Wachstum und keine Energie mehr zwischen uns. Wenn ich

vorschlage, dass wir uns beraten lassen sollten, meint er, dieser Kram interessiere ihn nicht und es wäre nur Zeitverschwendung."

Diesem Paar ist es so ergangen wie vielen anderen Paaren auch. Man richtet sich im Leben ein und geht nicht mehr tiefer und es findet auch kein gemeinsames oder individuelles Wachstum mehr statt. So wird die Beziehung natürlich langweilig und verliert ihre Lebendigkeit. Im Leben ist nichts statisch und wenn man nicht riskieren will, sich tiefer zu öffnen, wird die Beziehung mit der Zeit wie eine Pflanze ohne Wasser absterben.

2. Sich dem eigenen Widerstand stellen, kommunizieren und sich mitteilen

Eine tiefe Bindung ist nur möglich, wenn man bereit ist, sich gegenseitig und sich selbst das Innerste der eigenen Seele zu zeigen. Man muss bereit sein, sich emotional zu entblößen und transparent zu sein und die Freude, die Ängste und Unsicherheiten immer wieder miteinander zu teilen. Es geht darum, das ganze Spektrum unserer inneren Welt gemeinsam zu erforschen – mit allem, was uns im Leben ermutigt oder entmutigt. Dazu gehört die Angst verlassen zu werden, zu versagen, erniedrigt oder kritisiert zu werden, aber auch unsere Interessen und Leidenschaften. Am schwierigsten ist es mitzuteilen, dass wir uns selbst verurteilen oder gar verachten. Aber selbst wenn wir nicht genau wissen, was wir sagen sollen oder was wir gerade fühlen, ist es wichtig, dass wir das mitteilen. Natürlich sind manche Menschen weniger gesprächig oder introvertierter als andere und wieder andere haben keinen Zugang zu ihren Gefühlen. Wir sind vielleicht mit jemandem zusammen, der seine Gefühle nicht so einfach mitteilen kann, dann müssen wir Verständnis dafür aufbringen. Oder wir können uns selbst nicht so einfach mitteilen. Davon abgesehen, kann es auch tiefere Gründe geben, dass wir uns scheuen zu kommunizieren.

Wir haben es als Kind vielleicht nie gelernt, weil auch unsere Eltern alles für sich behalten haben, oder man hat uns beigebracht, dass es ein Zeichen von Schwäche sei, Gefühle wie Angst und Scham zu zeigen, und so wollen wir sie erst gar nicht wahrnehmen.

In meiner (Krishs) Kindheit war es nicht erwünscht, dass man seine Gefühle zeigt oder überhaupt welche hat, keiner zeigte sich damit und es wurde schon gar nicht unterstützt. Ich habe sehr früh gelernt, dass nur Leistung zählt, egal was man fühlt. Deshalb habe ich meine eigenen Gefühle überhaupt nicht wahrgenommen und wenn ich dann mal versuchte, über meine Probleme zu reden, bekam ich nur gute Ratschläge. Nach diesen frühen Erfahrungen habe ich mich innerlich verschlossen. Ich habe aufgehört meine Gefühle zu zeigen und nicht nur das, ich habe sie auch abgespalten und unterdrückt. Damals hätte ich jemanden gebraucht, der mir zuhört und sich auch für meine innersten Gefühle interessiert und der mir geholfen hätte, mein emotionales Inneres zu verstehen.

Die Ursachen für unsere heutigen Widerstände, uns nicht zu öffnen und uns nicht mitzuteilen, liegen in der Vergangenheit. Irgendwann haben wir das Vertrauen verloren, dass sich jemand für uns interessieren könnte und versuchen könnte uns zu verstehen. Wir vertrauen nicht mehr darauf, dass wir Unterstützung und Zuwendung bekommen könnten.
Es kann sogar noch schlimmer kommen und wir verschließen uns der ganzen Welt der Gefühle und richten unsere Aufmerksamkeit nur noch auf die praktischen, handfesten und nicht so verletzlichen Bereiche des Lebens. Nur der Sex kann eine Ausnahme sein, denn in diesem Bereich können wir uns austauschen, ohne unbedingt unsere Verletzlichkeit berühren zu müssen.

Im Zusammenhang mit unserer „The Sedona Experience" (ein intensives Retreat, zu dem Individuen oder Paare kommen, die täglich Sitzungen nehmen) haben wir vor kurzem mit einem Paar gearbeitet.
Sandra war sehr unglücklich, denn sie vermisste die Verbindung und den Kontakt mit ihrem Partner Charles. Sie sagte, dass er sich oft in seine eigene Welt zurückziehen würde und auch wenn sie oft miteinander redeten, hatte sie das Gefühl, dass er ihr sein Innerstes nicht zeigt.
Als wir das untersuchten, stellte sich heraus, dass Charles immer schreckliche Angst hat, sich zu zeigen. Er glaubt, dass er grundsätzlich nicht liebenswert und auch kein richtiger Mann sei. Wenn er über sich oder seine Gefühlen reden soll, fühlt er sich noch schlechter. Wenn Sandra Druck auf ihn ausübt und fordert, dass er sich mitteilen soll oder wenn sie ihn kritisiert, weil er sich nicht öffnet, aktiviert seine Scham seine Wut und er zieht sich noch mehr zurück.

Es gibt unterschiedliche Gründe, warum wir uns nicht mitteilen wollen:

1. Wir befürchten, dass wir kritisiert, abgewertet oder missverstanden werden, dass wir Ratschläge bekommen und dass man uns verbessern oder bevormunden will.

2. Wir befürchten, der Partner oder Freund hat nur seine eigenen Interessen im Blick und es ist ihm nicht wirklich wichtig, was wir fühlen oder wie es uns geht.

3. Wir wissen gar nicht, was wir fühlen und wie es uns im Inneren geht und es war uns bisher auch nicht wichtig.

4. Wir haben Geheimnisse und fühlen uns schuldig, denn es gibt Dinge in uns, die wir auf keinen Fall mitteilen wollen.

Ronald, einer unserer Klienten, fühlt sich immer schrecklich unwohl, wenn seine Frau Linda ihn fragt, wie es ihm geht oder was er gerade fühlt. „Sie erinnert mich an meine Mutter, wenn sie das fragt. Die hat mir immer viele Fragen gestellt und deshalb versuchte ich ihr auszuweichen, denn ich fühlte mich von ihr erdrückt und kontrolliert. Das war sehr unangenehm! Und wenn mich heute jemand fragt, ganz besonders Linda, wie es mir geht und ob es mir gutgeht, wenn sie mich bemuttert oder nur fragt, was ich vorhabe, dann will ich nur noch verschwinden; und sie beschwert sich, dass ich mich nicht mitteile – aber verdammt noch mal, ich will mich einfach nicht mitteilen!"

Das ist ein gutes Beispiel, wie jemand so konditioniert wurde, dass er sich nur noch verstecken will. Damit sich Ronald wieder öffnen konnte, musste er verstehen, woher seine Widerstände kamen und er musste spüren, dass man Verständnis für ihn hat und dass es auch akzeptiert wird, wenn er sich versteckt.

3. Wer ist es, der eine Verbindung sucht und kommunizieren möchte?

Bevor wir uns im nächsten Kapitel die Werkzeuge ansehen, die für Verbundenheit und Kommunikation nötig sind, fragen wir uns zuerst, welcher Teil von uns gerne kommunizieren und verbunden sein möchte,

Kommt es aus unserem erwachsenen oder unreifen Bewusstsein? Im unreifen Bewusstsein sind wir frustriert und enttäuscht, weil wir den Kontakt und die Kommunikation vermissen und wir begegnen dem Gegenüber mit einer Ladung von Erwartungen und Wut. Manchmal ist es einfach nur bequemer, Abstand zu halten, ohne dass uns das überhaupt bewusst ist.

Dann müssen wir uns nicht der Verantwortung stellen, dass wir automatisch und aus einer Wunde heraus reagieren, sondern flüchten uns in irgendeine Beschäftigung. Die Verbindung hat einfach keine Priorität mehr.

Im unreifen Zustand sind wir voller Angst und Hunger – der Angst abgelehnt, ignoriert, nicht respektiert, oder nicht geschätzt zu werden. Wir haben auch Angst, uns selbst zu verlieren, denn wir fühlen uns innerlich leer und erwarten, dass diese Leere von außen gefüllt wird. In so einem Zustand werden wir schnell eifersüchtig, reaktiv, emotional fordernd und glauben, dass unsere Erwartungen an den anderen gerechtfertigt ist. Vielleicht werden wir wütend, haben Rachegelüste und wollen den anderen bestrafen, indem wir uns entziehen und nicht mehr kommunizieren. Unser Bedürfnis nach Kommunikation und Verbindung zeigt sich in diesem unbewussten Zustand als Wunsch, bedingungslos geliebt, wertgeschätzt, anerkannt, gefühlt und unterstützt zu werden. Wir wollen, dass uns die Ängste und Sorgen abgenommen werden und der andere soll dafür sorgen, dass es uns besser geht. In diesem Zustand versteckt man sich gerne hinter Fragen. Zum Beispiel: „Warum hast du das getan oder warum sagst du mir nichts?“ Aber eigentlich meinen wir: „Ich bin wütend, verletzt und traurig, weil du dich nicht mitteilst.“ Es kann sogar sein, dass sich unsere Worte richtig anhören, aber unsere Energie drückt Enttäuschung, Wut und versteckte Feindseligkeit aus. So verstecken wir unsere Verletzlichkeit und wenn wir uns aus diesem Zustand mitteilen, reagieren die anderen mit Ablehnung oder Widerstand und es gibt noch weniger Kontakt, was sehr schmerzhaft sein kann.

Calvin und Ruth waren bei uns, weil sie Streit hatten. „Ich bin total enttäuscht und frustriert“, sagte Calvin, „Ruth hält ihr Gefühlsleben geheim und ich kann sie nicht erreichen.“

Ruth antwortete: „Mir ist sein Wunsch nach engerem Austausch unange-

nehm, aber ich weiß nicht genau warum. Was er sagt, hört sich ja richtig an. Er kann seine Bedürfnisse und seine Unzufriedenheit auch sehr gut ausdrücken, aber für mich fühlt es sich so an, als ob er energetisch hinter seinen Worten nur Ansprüche und Forderungen hat, und das hält mich von ihm fern."
Nachdem das klar war, konnten wir mit beiden tiefer gehen. Er konnte seine Verzweiflung spüren, dass er nicht tiefer mit ihr verbunden war und erkannte, wie er seinen Hunger hinter schönen Worten versteckte, aber die fordernde Energie trotzdem spürbar war. Ruth hingegen hatte ihren Gefühlen nie vertraut, sondern war im Schock und schämte sich, weil sie dachte, es wäre ihre Schuld, dass sie sich nicht öffnet.
Wir führten sie noch ein Stück tiefer und es gelang Calvin, sein Bedürfnis nach Verbindung und seine Verletzlichkeit zu zeigen, sodass Ruth ihn spüren konnte und sich auch für ihn öffnete. Erst als von ihm kein Druck mehr ausging, konnte sie auch ihre eigene Sehnsucht nach Verbindung spüren.

Es verändert sich alles, wenn wir uns mit einem erwachsenen Bewusstsein begegnen und verbinden können. Von diesem Standpunkt aus sehen und fühlen wir, dass der andere ein Individuum ist mit seinen Eigenheiten, Leidenschaften, Bedürfnissen, Ängsten und Unsicherheiten. Wir erkennen auch seine Probleme und seine Verzweiflung über schwierige oder fehlende Verbindung und Kommunikation.
Eine der essenziellen Qualitäten des reifen Zustandes ist die Fähigkeit zuzuhören und sich in den Freund oder Partner einzufühlen – das kann eine ziemliche Herausforderung sein. Denn die meisten von uns haben als Kind nie die Erfahrung gemacht, wie es ist, wirklich gehört und gesehen zu werden, und wenn man diese Erfahrung selbst nie gemacht hat, weiß man gar nicht, wie das geht.

Um wirklich zuzuhören, muss man nicht mit dem Verstand, sondern mit dem Herzen hören.

1. Wir schaffen ganz bewusst einen inneren Raum mit dem ehrlichen Interesse an der anderen Person.

2. Wir lernen unser zwanghaftes Bedürfnis zurückzuhalten, dass wir unseren Partner oder Freund kontrollieren, verändern, verbessern, analysieren oder kritisieren wollen. Wir erkennen, dass es nicht die Aufgabe der anderen ist, unser Bedürfnis nach Verbindung zu befriedigen.

3. Wir erkennen, wann wir im unreifen Zustand sind und wissen, wie das auf den Partner oder Freund wirkt.

Die Grundlage für eine erfolgreiche Verbindung ist, dass wir die Verantwortung für unsere innere Verzweiflung übernehmen, denn nur so kann die nötige Sicherheit für eine enge Beziehung entstehen. Das schafft Verbundenheit und Kontakt und dadurch tiefe Nähe. Es ist ein großer Schritt in jeder menschlichen Beziehung, wenn sich aus der anfänglich energetischen Anziehung eine tiefe Verbindung mit offener Kommunikation entwickelt und auch längerfristig anhält. Wir müssen lernen, wie das geht.

Übung

Frage dich:

1. Gehe ich in meiner Partnerschaft davon aus, dass mein Partner mir sicher ist und bin ich dazu fähig, jeden Tag unserer Beziehung zu wertzuschätzen?

2. Wo sind meine Widerstände, mich mitzuteilen - gibt es Unsicherheiten, Unfähigkeit oder Angst mich zu zeigen, Angst vor Bewertung, nicht gehört oder nicht geschätzt zu werden oder Ratschläge zu bekommen?

3. Wenn ich mich mit meinem Partner oder einem guten Freund austausche, will ich ihn oder sie verändern, beschuldigen, kritisieren, beurteilen oder analysieren oder bin ich bereit, verletzlich zu sein und über mich zu sprechen?

„Ich möchte euch eine ganz neue Vision zeigen, in der Männer und Frauen gemeinsam das Ziel erreichen können, wenn sie in tiefer Freundschaft, in einer liebevollen und meditativen Beziehung eine organische Einheit bilden.
Weil das Ziel nicht außerhalb ist, im Gegenteil, es befindet sich im innersten Zentrum deines Wesens, in der Mitte des Orkans. Man kann es aber nur finden, wenn man mit sich selbst eins ist und das ist schwer ohne den Spiegel des anderen.
Männer und Frauen sind jeweils ein Teil des Ganzen. Deshalb ist es besser, seine Zeit nicht mit Kämpfen zu vergeuden, sondern man sollte versuchen sich zu verstehen. Versuche dich in die Position des anderen zu versetzen und die Dinge auch so zu sehen wie ein Mann oder eine Frau, und vier Augen sehen immer besser als zwei. Dann wirst du ein vollständiges Bild sehen können, und zwar in alle vier Richtungen."

Osho, Beyond Enlightenment, # 16

14. Es geht darum, sich mitzuteilen

Es gibt drei Arten, wie Partner oder Freunde miteinander kommunizieren. Einmal gibt es die nicht-verbale Kommunikation, da geht es um gemeinsame Interessen, Visionen und Aktivitäten, die uns energetisch miteinander verbinden. Die zweite Art der Kommunikation besteht darin, dass wir unsere Gefühle mitteilen, und es gibt eine dritte Art, in der es entweder darum geht, Konflikte und Missverständnisse zu lösen oder auch unterbrochene Verbindungen wiederherzustellen. Diese letzte Form der Kommunikation nennen wir den „Wiedergutmachungs-Prozess“ und wir werden uns diesen Prozess noch etwas genauer ansehen.

1. Durch gemeinsame Aktivitäten, Visionen und Interessen entsteht eine energetische Verbindung

Bei dieser Art der Verbindung haben wir gemeinsame Interessen, wir erleben gemeinsame Abenteuer und andere Aktivitäten und es besteht ein nicht-verbales Gefühl von Verbundenheit und Liebe. Dies ist eine einfache und gute Grundlage für Paare und Freunde, die besonders dann wichtig ist, wenn es einem oder beiden nicht leichtfällt, ihre Gefühle mitzuteilen. Für manche ist das die einzige Art der Verbindung, die sie kennen.

So ist es zum Beispiel bei Tony und Julia, die seit 30 Jahren zusammen sind; sie sind es nicht gewohnt, ihre Emotionen auszudrücken. Sie fühlen sich schon bei der Vorstellung nicht wohl. Es hatte bisher auch nie Priorität in

ihrem Leben, denn sie haben es als Kinder nie gelernt und es gab auch niemanden, bei dem sie es beobachten konnten. Heute ist Tony ein viel beschäftigter Arzt und Julia ist Rechtsanwältin. Sie lieben sich sehr und haben viele gemeinsame Interessen. Beide sind in der Lokalpolitik aktiv, sie lieben Reisen und Fremdsprachen, besuchen kulturelle Veranstaltungen und lieben Radfahren und Wandern. Es ist klar, dass sie immer füreinander da sind und sich unterstützen und beide sind mit dieser Art der Verbindung zufrieden. Sie sind über ihre tiefe Liebe verbunden, auch wenn sie sich ihre Gefühle nicht verbal mitteilen.
In Tonys vorheriger Ehe verlangte seine damalige Ehefrau von ihm, dass er seine Gefühle offener zeigen sollte. Aber das verwirrte ihn nur und er fühlte er sich unter Druck gesetzt, denn das ist bis heute nicht seine Sprache und bei Julia ist es genauso.

Diese Art der nicht-verbalen Kommunikation wird erst dann zur Herausforderung, wenn einer oder beide in eine Krise geraten. Zum Beispiel wenn es Probleme mit der Gesundheit, den Finanzen oder mit den Kindern gibt oder bei ungelösten emotionalen Konflikten. Denn zum Lösen solcher Konflikte benötigt man ein tieferes Verständnis und braucht das passende Werkzeug. Dann müssen beide lernen, ihre Gefühle wahrzunehmen und sie auszudrücken, sonst wird die Beziehung darunter leiden. So eine Krise kann manchmal aber auch der Anstoß sein, um die eigenen Gefühle zu entdecken, die sowieso immer da waren, aber bisher unterdrückt wurden – wie es sich im nächsten Beispiel zeigt:

Vor einigen Jahren kam Betty zu uns, die seit 22 Jahren mit Sam verheiratet ist, aber nicht sicher war, ob sie mit ihm zusammen bleiben sollte. Bisher hatten sie sich ihre Gefühle nie mitgeteilt und sie war verzweifelt und hoffnungslos. Wir konnten ihren Schmerz nachempfinden und während der Sitzung gelang es ihr tiefer zu gehen, bis zu einem noch tieferen Schmerz, den sie bisher weggedrückt hatte.

Zwei Jahre später kamen Betty und Sam wieder zu uns und alles hatte sich verändert. Sie teilten sich ihre Gefühle jetzt mit und ihre Liebe hatte sich erneuert. Beide waren wieder dankbar, dass sie ihr Leben miteinander teilen konnten.

Wir fragten, was passiert war.

„Ich bekam Angst wegen einer Krebsdiagnose und erkannte, wie sehr ich ihn brauche", sagte Betty. „Als ich ihm das sagte, hat er sich geöffnet. Er war während der Behandlung immer für mich da und mir wurde klar, dass er schon immer der Richtige für mich gewesen ist."

„Und wie war das für dich, Sam?", fragte Krish.

„Früher hatte ich immer das Gefühl, ich mache alles falsch. Ich sollte mich mitteilen und sie wurde wütend, weil ich mich nicht öffnete. Dafür habe ich mich dann geschämt und ich wusste nicht, was ich tun sollte. Ich konnte nicht glauben, dass sie mich liebt, und dachte, ich mache alles falsch. Es hat sich erst verändert, als sie mir sagte, dass sie mich braucht, denn das war es, was ich hören musste."

Sam hatte nie gelernt über sich zu reden und wusste nichts von seiner emotionalen Realität. Er lebte als Wissenschaftler in einer Welt, in der nur das Rationale und Logische zählt und schon als Kind hat niemand in seiner Familie Gefühle gezeigt. Seine Liebe für Betty war immer da, aber er wusste einfach nicht, wie er sie zeigen sollte. Er hatte zwar eine tiefe Sehnsucht im Herzen, sich mitzuteilen, aber das hatte er verschlossen, aus Angst etwas falsch zu machen. Es wurde ihm klar, dass er lernen musste, sich mitzuteilen.

2. Gefühle verbal mitteilen

Das Leben wird reicher, wenn Paare oder Freunde in der Lage sind ihre Gefühle verbal mitzuteilen und das auch schätzen. Dazu muss man über einen gewissen emotionalen Wortschatz verfügen. Es geht dabei aber nicht darum, sich auszudrücken, wenn man sich provoziert fühlt und wütend aufeinander ist. Das ist was anderes und wir behandeln es im nächsten Kapitel. Hier wollen wir uns ansehen, welchen Einfluss unterschiedliche Erfahrungen und Begegnungen auf uns haben und welche Gefühle sie auslösen. Was hilft, ist eine einladende Atmosphäre, in der man sich angenommen und sicher fühlen kann. Das ist deswegen wichtig, weil es für viele schwierig und ungewohnt ist, sich emotional mitzuteilen und besonders, wenn die Widerstände stark sind. Das kann bis zur Sprachlosigkeit gehen.

Richard und Jennifer kamen zu uns, da sie sich in ihrer 20-jährigen Ehe voneinander entfremdet hatten und für beide wurde es zu schmerzhaft, so weiterzumachen. In Richards Familie wurde über Gefühle nicht gesprochen und er hatte gelernt, diese zu ignorieren und einfach weiterzumachen. In der rationalen und pragmatischen Welt ist er heute beruflich erfolgreich, aber er gibt zu, dass er sich mit Gefühlen generell unwohl fühlt.
Bei seiner Frau Jennifer ist es umgekehrt. Sie hat starke emotionale Schwankungen und ist frustriert, weil Richard seine Gefühle nicht mitteilen kann und ihre nicht versteht. Er zieht sich immer zurück, denn er fühlt sich unter Druck gesetzt und kritisiert, wenn sie ihn voller Ladung fragt, was er fühlt. Also haben sie ganz aufgehört sich mitzuteilen und haben sich immer mehr entfremdet.
Wir wollten Richard unterstützen, sich mehr mit seinem emotionalen Wesen vertraut zu machen und haben uns deshalb seine Geschichte etwas genauer angesehen. Es stellte sich heraus, dass er als Kind seine Gefühle immer

zurückgehalten hatte und innerlich völlig erstarrt war, weil er emotional vernachlässigt wurde. Es fehlte jegliche emotionale Unterstützung und als er das erkannte, entwickelte er Mitgefühl für sich, weil er so abgestumpft war. Es wurde ihm klar, warum er sich immer so schämt, wenn er sich mitteilen soll, denn er verurteilte sich selbst als „gefühllose Person" und fühlt sich deshalb minderwertig. Es wurde ihm auch klar, dass er immer vieles kleingeredet oder ignoriert hatte, besonders wenn es um Jennifer ging. Heute kann er sehen, dass solche Situationen ihm die Möglichkeit geben, die eigenen Gefühle wie Angst und Trauer zu erforschen und es wird langsam einfacher für ihn, über sich selbst und seine neu entdeckten Gefühle zu sprechen.

Wir halfen Jennifer zu verstehen, wieso er emotional so geschockt und abgestumpft war und warum es ihm so schwerfällt, über sich zu sprechen. Wenn sie sich mit ihm austauschen möchte, muss sie sehr einfühlsam sein und auch verstehen, dass er sich schnell zurückzieht, wenn er nur im geringsten Urteile oder Erwartungen befürchten muss. Unser Vorschlag war, die Fragen an ihn mehr wie eine Einladung zu formulieren, „Richard ich vermisse die Verbindung mit dir und ich würde mich gerne mit dir austauschen, wenn das ok für dich ist."

Eine Basis für den Austausch von Gefühlen ist, sich in die emotionale Lage des anderen einzustimmen. Es ist wichtig, Begegnungen als Einladung zu verstehen und mit offenem Herzen und ohne eigene Erwartungen und Forderungen zuzuhören. Wir geraten aber schnell in Versuchung, Lösungen finden zu wollen, wenn jemand seine Gefühle mitteilt, besonders dann, wenn diese für uns schmerzhaft oder unangenehm sind oder wenn wir den andern ändern möchten. Deswegen ist es wichtig, Raum zu geben, damit sich der andere auf seine eigene Art und Weise öffnen kann.

Es kann sehr helfen, Zeit für den gegenseitigen Austausch zu reservieren, denn sonst verliert man diese Form der Kommunikation schnell wieder aus den Augen, weil man durch die praktischen Dinge des Lebens abgelenkt ist. Und zudem ist es auch bequemer und vertrauter, verschlossen zu bleiben. Sich zu öffnen und sich zu zeigen, erfordert eine bewusste Entscheidung. Durch verbindliche Zeiten für den Austausch kann man das fördern. Das ist schon ein großer erster Schritt, wenn man gelernt hat, immer alles mit sich selbst auszumachen.

Das emotionale Alphabet

Hier sind ein paar Punkte, die uns helfen können, unsere tieferen Emotionen zu erkennen.

a. Kein Gefühl darf verurteilt werden

Wenn wir uns über unsere emotionale Realität bewusst werden wollen, besteht der erste Schritt darin, unsere generelle Einstellung zu Gefühlen zu kennen. Oft verurteilen wir Gefühle wie Wut, Schmerz oder Traurer und das ist erst recht, wenn wir in der Kindheit gelernt haben, Gefühle zu unterdrücken. Wenn wir unsere emotionale Realität wahrnehmen wollen, müssen wir bereit sein, allen inneren Erfahrungen ohne Bewertung und mit Freundlichkeit zu begegnen. Sonst bewerten wir Wut oder Angst negativ und drücken sie weg, sobald sie auftauchen. Eine nicht wertende Haltung ist wichtig, damit wir keines unserer Gefühle unterdrücken.

Gefühle werden nur dann negativ, wenn wir aus Wut heraus reagieren, wir aggressiv werden oder wenn wir uns aus Verzweiflung selbst aufgeben. Nur wenn wir alle Gefühle akzeptieren können und verstehen, dass sie es wert sind mitgeteilt zu werden, wird es uns leichterfallen, sie auch zu zeigen. Aber zuerst müssen wir sie erkennen und dann sollten wir sie auch den Menschen mitteilen, die uns nahestehen.

b. Den Ärger beobachten

Im nächsten Schritt wollen wir beobachten, was passiert, wenn wir uns ärgern und uns unzufrieden fühlen und wir wollen sehen, welchen Einfluss unterschiedliche Ereignisse, Begegnungen oder Erfahrungen auf uns haben. Vielleicht bemerken wir, dass bestimmte Situationen Ärger, Irritationen, Enttäuschung oder Frustration in uns hervorrufen und es ist wichtig, diese Emotionen nicht einfach zu verurteilen, sondern sie zu nutzen, um unser Inneres zu erforschen. Wenn wir uns provoziert fühlen, reagieren wir vielleicht verwirrt, selbstkritisch, hilflos, depressiv, ängstlich, erstarrt, schockiert oder sprachlos und verlieren an Kraft. Wir werden hektisch, wir reden und bewegen uns schneller oder überstürzen die Dinge. Dann denken wir nur an die nächsten Aufgaben und verpassen den gegenwärtigen Moment.

Das alles sind Symptome für innere Störungen, durch die wir schnell den Respekt für uns verlieren. Aber vielleicht können wir auch verstehen, was genau Angst oder Wut in uns auslöst und wie wenig wir unsere eigenen Bedürfnisse und Grenzen respektieren, und was Schock und Scham in uns hervorrufen. Haben wir als Kinder die physische oder emotionale Präsenz unserer Eltern vermisst, dann reagieren wir heute vielleicht sehr empfindlich auf fehlende Aufmerksamkeit oder gar Ablehnung.

Wenn wir unsere Aufmerksamkeit weiter schärfen, beobachten wir eventuell auch, dass scheinbar belanglose Anlässe wie das Bezahlen an der Supermarktkasse, uns tief berühren oder auch verstören können. So freuen wir uns, wenn die Person an der Kasse freundlich ist und ärgern uns, wenn wir barsch oder ruppig behandelt werden.

Der erste Schritt ist das Wahrnehmen und die Erkenntnis, wie leicht unsere inneren Erfahrungen, unsere Emotionen und Gedanken berührt werden können. Und es mag hilfreich sein, wenn man sich zu Hause mit dem Partner daüber austauschen kann. Vielleicht bemerkst du, dass du an bestimmten Tagen leichter irritiert bist als an anderen, wenn du z. B. schon vorher gestresst warst, weil du Sorgen hast oder nicht gut schlafen konntest.
Ein extremes Beispiel wäre, wenn dich dein Chef kritisiert oder du im Job etwas falsch gemacht hast. Das könnte eine alte Wunde aktivieren, dass du von einem Elternteil oder einem Lehrer oft kritisiert wurdest und beim Austausch mit deinem Partner erkennst du, dass man dir damals das Gefühl gegeben hat, nicht gut genug zu sein.

c. Seine emotionale Geschichte kennen

Wenn wir die eigene emotionale Geschichte unserer Wunden der Scham, des Schocks, des Verlassenseins, der Vereinnahmung und des Misstrauens erforschen, dann erkennen wir leichter, in welchen Situationen diese Wunden aktiviert werden und wie es sich anfühlt, wenn das geschieht. Und wir verstehen immer besser, welche Erfahrungen der Vergangenheit uns als Kind verletzt haben. Wir wurden beschämt, schlecht behandelt, verängstigt, erdrückt, erniedrigt, verurteilt, unter Druck gesetzt, bewertet, mit anderen verglichen, ignoriert, schockiert oder verlassen, und jetzt sehen wir, welche Auswirkungen diese alten Wunden in unserem heutigen Leben haben.
Wenn man das erkennt, ist es leichter, emotionale Erfahrungen denen mitzuteilen, die uns heute nahestehen. Wir erkennen auch, dass kein Ereignis und keine Begegnung unbedeutend ist, denn wir sind alle empfindsame Wesen. Aber wenn wir unsere Verletzlichkeit zeigen können, werden unsere Beziehungen tiefer, reifer, interessanter und wir kommen uns näher.

d. Abstand zu den Emotionen gewinnen

Wir haben schon erwähnt, wie wichtig es ist, dass wir lernen unsere Emotionen mit Abstand zu beobachten, damit sie uns nicht überwältigen und wir nicht immer wieder unbewusst und aus Gewohnheit reagieren. Im unreifen Bewusstseinszustand verlieren wir uns leicht in starken Emotionen, denn sie überwältigen uns und steuern unsere körperlichen Empfindungen, Gedanken und unser Verhalten. Wir verlieren den Abstand – und werden zu diesen Emotionen.

In einem reiferen Bewusstseinszustand haben wir die Möglichkeit unsere Emotionen, wenn wir sie spüren, zu beobachten. Wir gehen nicht mehr in der Emotion verloren, sondern sind der Beobachter. Das ist besonders in der Partnerschaft ein entscheidender Unterschied, wenn der Partner der Auslöser war.

Es gibt aber auch Situationen, da ist es schwierig Abstand zu halten. Das ist dann so, wenn es in der Vergangenheit zu Missbrauch oder Misshandlungen kam. Solche Erinnerungen wurden mit den Gefühlen tief vergraben, weil sie sehr schmerzhaft waren, und es uns fällt schwer, sie heute auszugraben, denn sie sind immer noch beängstigend und überwältigend. Dem begegnen wir häufig in unserer Arbeit.

Hendrik wurde von seiner Mutter sexuell missbraucht und es fällt es ihm schwer, sich einer Frau gegenüber zu öffnen. Er nahm lange Zeit einen Escortservice in Anspruch, um Aufmerksamkeit und Sex von Frauen zu bekommen, aber vor kurzem erkannte er, dass ihn das nur von der alten Missbrauchswunde ablenkt. Es belastet ihn außerdem, dass er sich immer ekelt, wenn er sich zu einer Frau hingezogen fühlt, die er nicht für Sex bezahlen muss. Das ist so stark, dass er die Beziehung immer beenden muss.

An Hendriks Geschichte kann man erkennen, dass meist viel Mitgefühl, Sensibilität und Einfühlungsvermögen nötig ist, bis wir unsere Emotionen wiederentdecken und mitteilen könne – wir müssen verständnisvoll und geduldig mit uns sein.
Kurz gesagt, wenn wir mit den Menschen, die wir lieben, verbunden bleiben wollen, brauchen wir ein sensibles Gespür für unsere eigene innere Welt und müssen lernen, uns mitzuteilen.
In diesem Kapitel haben wir einige Werkzeuge kennengelernt, die uns dabei helfen, verbunden zu bleiben und uns mitzuteilen. Wir haben gesehen, wie wir unsere emotionale Realität, unsere Leidenschaften, Visionen und das Spielerische in uns miteinander teilen können. Als Nächstes wollen wir uns die größeren Herausforderungen ansehen, wenn es darum geht, Verbindungen und Harmonie wiederherzustellen, nachdem es zu Konflikten, Verletzungen, Enttäuschungen, Frustration oder gar Betrug in der Beziehung gekommen ist.

Übungen zum Erlernen des emotionalen Alphabets

Frage dich:

1. Wie bemerke ich, dass mich etwas stört oder irritiert, wenn ich schlecht gelaunt werde oder mich kraftlos fühle?

2. Wie fühlt es sich in mir drin an, wenn das geschieht?

3. Was könnten die Auslöser für solche Erfahrungen sein?

4. Wie fühlt es sich körperlich an, wenn ich wütend, traurig, unsicher oder verängstigt bin, aber auch wenn ich mich freue?

5. Lasse ich mir Zeit, um diese Gefühle wahrnehmen zu können?

6. Verurteile ich einige dieser Gefühle?

7. Bin ich bereit, meinem Partner oder Freund diese Gefühle zu zeigen?

8. Wo ist die Verbindung zwischen dem, was ich heute fühle und dem, was ich als Kind erlebt habe.

Übung zum verbalen Mitteilen

1. Bin ich in der Lage, meine Gefühle regelmäßig und verlässlich mitzuteilen?

2. Wenn nicht, warum nicht?

3. Kann ich mich in die emotionale Realität meines Partners oder meiner Freunde einfühlen und nehme ich wahr, wie es ihm oder ihr geht?

4. Kann ich meinem Partner oder Freund Raum geben und ihn oder sie einladen, sich mitzuteilen?

„Es ist vollkommen in Ordnung, tief in die eigenen Gefühle einzutauchen. Aber denke daran, wenn du dort Minderwertigkeitsgefühle, Unsicherheit und Eifersucht findest, bist du trotzdem von diesen Gefühlen getrennt. Man kann nicht eins sein mit ihnen, denn man würde die Minderwertigkeitsgefühle, Unsicherheiten und die Eifersucht gar nicht wahrnehmen können, wenn man nicht getrennt davon wäre.
Du bist der Beobachter und wenn du tiefer gehst, werden dir Dinge begegnen, die unterdrückt wurden, die vielleicht schon seit tausenden Jahren von der ganzen Menschheit unterdrückt wurden. Aber du bleibst trotzdem dabei so klar wie ein Spiegel. Wenn du tiefer in dich hinein gehst, reflektiert der Spiegel vielleicht Eifersucht, aber er ist nicht die Eifersucht. Der Spiegel reflektiert Unsicherheit, aber er ist nicht die Unsicherheit. Der Spiegel reflektiert Minderwertigkeitsgefühle, aber der Spiegel ist nicht das Minderwertigkeitsgefühl.
Ein Spiegel identifiziert sich nicht mit dem, was in ihm gespiegelt wird. Ein Spiegel ist einfach leer, still und rein. Und du bist dieser Spiegel."

Osho, The Rebellious Spirit, #18

15. Harmonie wiederherstellen – die Wiedergutmachung

Jetzt kommen wir zu einem der schwierigsten Aspekte bei intimen Beziehungen – dem Wiederherstellen von Harmonie und Liebe, nachdem es zu einem Vertrauensbruch und einem Kommunikationsabbruch gekommen ist.

Es kommt garantiert zu Konflikten, wenn wir uns auf eine intime Beziehung einlassen, denn zwei Personen haben immer auch unterschiedliche Wünsche und Erwartungen. Sie haben auch unterschiedliche Wunden und Empfindsamkeiten und so kommt es früher oder später zu Konflikten. Wenn wir uns näherkommen, beeinflusst uns außerdem auch der emotionale Zustand des anderen, das allein kann uns schon provozieren. Es gibt im Leben auch immer wieder Situationen, durch die wir gereizt und empfindlich werden und dann können uns Kleinigkeiten irritieren und provozieren, egal was der Partner tut oder auch nicht tut.

Wir haben vor kurzem mit einem Paar gearbeitet, die erst seit vier Monaten zusammen sind. Sie wollen sich beide ernsthaft aufeinander einlassen und machen auch beide innere Arbeit. Aber jetzt stehen sie vor dem ersten größeren Konflikt. Er fühlt sich langsam von ihr vereinnahmt und beginnt sich zurückzuziehen, was bei ihm ein altes Muster ist. Und durch seinen Rückzug wird sie verunsichert und so immer fordernder - das ist dann ihr Muster. Irgendwann sagte er zu uns: „Ich bin nicht mehr sicher, ob ich weiter durch diesen Prozess gehen will."
Wir antworteten: „Vielleicht kannst du nachvollzihen, dass es ein Prozess ist,

wenn man sich tiefer einlässt – ein Prozess, bei dem man lernt wie und warum uns etwas provoziert. Dies kann man nutzen und daran wachsen und reifen."

Um die Harmonie nach Missverständnissen, Konflikten und Verletzungen wiederherzustellen, müssen wir durch den Prozess der Wiedergutmachung gehen. In unserer Arbeit besteht dieser Prozess aus zwei einfachen Schritten: die Reflektion und das Mitteilen aus der Verletzlichkeit.

1. Die Reflexion – der innere Prozess

Reflexion bedeutet, nach innen zu gehen, das ist dem Containment-Prozess sehr ähnlich, den wir bereits beschrieben haben. Wenn wir uns provoziert fühlen, ist ein erster wichtiger Schritt, dass wir die Verantwortung für diese Irritation übernehmen und zuerst den Schmerz der aktivierten Wunde zulassen. Danach können wir uns aus der Verletzlichkeit heraus mitteilen.

Das bedeutet:

1. Erkennen, wann und wie wir uns provoziert fühlen und emotional werden.

2. Verstehen, warum wir uns provoziert fühlen und emotional werden, d.h. die Wunde erkennen, die aktiviert wurde.

3. Sich Zeit nehmen, die Irritationen und Emotionen, Ängste und Verunsicherungen zu spüren, die aufgetaucht sind, und einen Weg finden, um unser Nervensystem wieder zu beruhigen. Danach können

wir uns aus einem offenen und verletzlichen Raum heraus mitteilen.

Im Folgenden wollen wir uns diese Aspekte noch etwas genauer ansehen.

Erkennen, wann wir uns provoziert fühlen und emotional werden.
Wenn wir uns provoziert fühlen und emotional werden, sind wir verletzt, fühlen uns missverstanden, unsicher, wütend, depressiv oder einsam und denken, dass wir uns verteidigen müssen. Wir reagieren dann automatisch mit unserem jeweiligen Muster, indem wir uns zurückziehen, uns verschließen, angreifen, verurteilen, kritisieren oder jemanden bestrafen und uns rächen oder irgendetwas anderes dagegen tun.

Verstehen, warum wir uns provoziert fühlen und emotional werden.

Leonard und Katherine sind erst seit etwas mehr als einem Jahr zusammen. Zwischen ihnen ist eine starke Anziehung, beide sind ernsthaft an Meditation und innerer Arbeit interessiert und körperliche Nähe ist beiden sehr wichtig. Aber sie streiten sich ständig und das eskaliert leicht, sodass sie sich verbal beschimpfen. Dann sind beide hilflos und wütend und sie hassen sich so sehr, dass sie die Beziehung beenden wollen. Bei ihnen sind die starken Schwankungen zwischen Liebe und Hass besonders ausgeprägt, aber das kommt sicherlich auch in vielen anderen Beziehungen vor.
Wir fragten sie, wie es dazu kommt, dass sie sich bekämpfen und beide waren der Meinung, es würde am Verhalten des anderen liegen.
Er sagte: „Wenn sie eifersüchtig ist, wird sie wütend und greift mich an. Sie schreit und wirft mir vor, ich sei untreu und dann lässt sie mir keine Ruhe mehr. Außerdem behauptet sie immer, sie wäre viel weiter entwickelt und bewusster als ich und das macht mich verrückt."

Sie entgegnete: „Wenn er nicht genug Aufmerksamkeit und Anerkennung bekommt, wie er es erwartet, wird er aggressiv und beschimpft mich. Er hat einfach noch nicht gelernt, seine Reaktionen zu kontrollieren."

An dieser Stelle ist es wichtig, genauer zu untersuchen, wieso sich so schnell das Gefühl von Liebe und Anziehung in Wut, Verschlossenheit, Verletztheit und Resignation verwandelt. Das kann so weit gehen, dass wir dem anderen weh tun wollen. Grundsätzlich fühlen wir uns immer dann provoziert, wenn unsere Erwartungen nicht erfüllt werden, eine alte Wunde aktiviert wird oder wir uns ungeliebt und unsicher fühlen. Dann begegnen wir einem Teil der Persönlichkeit des anderen, der uns provoziert, und fühlen uns abgelehnt, schlecht behandelt, unpassend, machtlos, missverstanden oder verunsichert und vergessen sogar, dass wir diesen Menschen mal geliebt haben. In so einem Zustand wollen wir nur Rache nehmen, Recht haben und angreifen oder wir ziehen uns zurück und geben auf. Auf jeden Fall verstärkt sich das Misstrauen, das wir schon in uns hatten. Misstrauen gegen alle anderen, gegen die Liebe und auch gegen uns selbst. Wir sehen uns auch völlig im Recht, wenn wir uns verschließen und in die Reaktion gehen. Es ist aber nur deshalb ein Problem, weil uns nicht bewusst ist, dass dieses Phänomen ein essenzieller Bestandteil jeder Beziehung ist. Wir träumen vielleicht davon, dass unser Partner immer positiv sein sollte, sich nur ändern müsste und alles wäre besser, oder dass er einfach nicht der Richtige für uns ist. Wir können nicht sehen, dass solche Erfahrungen auch mit jedem anderen Partner auftreten würden. Es passiert einfach, weil wir uns näherkommen. Und es ist tatsächlich eine enorme Wachstumschance für uns.

Zuerst müssen wir unsere negativen Projektionen auf den Partner oder Freund erkennen und die Wunde, die aktiviert werde erforschen, bevor wir den Konflikt auf gesunde Art lösen können.

Manchmal verlieren wir uns aber auch dabei und verschmelzen mit den negativen Erfahrungen der Vergangenheit. Dann erwarten wir, dass es früher oder später wieder so kommen wird, weil es immer so war. Das prägt sich so tief ein, dass wir glauben, dass es garantiert wieder passieren wird, sobald wir jemandem näher an uns ran lassen.

Nach innen gehen und Irritationen und Emotionen bewusst wahrnehmen

Wenn wir emotional überwältigt sind, ist es am besten zu dem Punkt zurückzugehen, an dem wir emotional wurden. Unser Nervensystem ist aktiviert und nehmen wir vielleicht den starken Drang wahr, wie bisher darauf zu reagieren. Ändern wird sich daran erst etwas, wenn wir den Fokus nicht mehr auf den anderen richten und gewohnheitsmäßig, zwanghaft und emotional reagieren, sondern lernen, wie wir die Energie bewussst zu uns zurücklenken können.
Wiedergutmachung kann beginnen, wenn wir zu uns selbst sagen: „Ok – ich warte jetzt besser einen Moment. Ich fühle mich provoziert und sollte genauer hinsehen, was mich so verletzt hat und warum ich so aufgebracht bin. Ich spüre Ärger, Wut, Angst, Scham und bin verletzt, aber ich werde dem andern nicht die Schuld daran geben und ihn auch nicht für meinen Schmerz verantwortlich machen. Wahrscheinlich ist es auch nicht das erste Mal, dass ich mich so provoziert fühle. Ich sollte also mal bei mir selbst nachforschen und mir die Wunde etwas genauer ansehen, die in dieser Situation aktiviert wurde."

Wir halfen Leonard zu verstehen, wie er wahrscheinlich bei Katherine Eifersucht provoziert hatte, und dass er einfühlsamer mit ihr sein kann, ohne die Freiheit aufzugeben, andere freundschaftliche Beziehungen zu haben. Wir halfen ihm auch zu erkennen, dass seine Wunde der Scham aktiviert wurde,

wenn sie sich als weiterentwickelt bezeichnete. Es gelang ihm auch, das noch tiefer für sich zu erforschen und danach konnte er ihr auch mitteilen, wieso seine Scham aktiviert wurde, wenn sie ihm so etwas sagte.
Wir halfen Katharina zu erkennen, dass sie aggressiv gegen ihn wurde, wenn sie befürchtete, er sei untreu, und sie erkannte auch, dass das seine Verteidigungsmechanismen aktivierte. Diese Momente könnte sie stattdessen auch nutzen, um zu verstehen, dass ihre eigene Wunde des Verlassenseins und der Scham aktiviert wurde. Sie erkannte, dass es besser war, bei ihren eigenen Ängsten und Unsicherheiten zu bleiben und sich später aus ihrer Verletzlichkeit heraus mitzuteilen. Außerdem wurde ihr klar, dass sie immer dann behauptete, sie sei weiter entwickelt als er, wenn sie sich in ihrer Weiblichkeit verunsichert fühlte.

Zusammenfassend kann man sagen, anstatt sofort zu reagieren, wenn wir uns provoziert fühlen, ist es besser, sich bewusst zu werden, wie und wann es geschieht und zu beobachten, welche Gefühle dabei hochkommen und wie sich das im Körper anfühlt. Vielleicht erkennen wir auch, dass wir in diesen Situationen bisher immer völlig automatisch und aus den Emotionen heraus gehandelt haben. Im nächsten Schritt sollten wir uns über die eigenen Erwartungen bewusst werden und dafür Verantwortung übernehmen, ohne dem Partner Schuld zu geben. So lernen wir, den inneren emotionalen Sturm im Zaum zu halten, der aus den tiefen Konditionierungen unserer Vergangenheit kommt – aus einer Zeit, als wir hilflos, schutzlos und klein waren.

Bei allen emotionalen Reaktionen sind drei wichtige Aspekte zu beachten:

1. Es gehört immer ein bestimmtes Körpergefühl dazu – zum Beispiel Spannungen und Enge in der Brust, im Bauch, im Kiefer, in den

Schultern oder Gliedern oder auch allgemeine Reizbarkeit und Verunsicherung.

2. Es kommen immer Gedanken dazu, wenn wir emotional reagieren. Etwa: „Ich sollte etwas unternehmen!" – „Das ist nicht in Ordnung!" – „Ich muss mich verteidigen oder ich muss beweisen, dass ich recht habe!" – „Wenn ich mich nicht wehre, wird es mir schaden."

3. Wir erkennen automatische und gewohnheitsmäßige Verhaltensmuster. Es sind in der Regel unsere Standardverteidigungsmuster, von denen wir bereits gesprochen haben.

Wenn wir nach innen gehen und Verantwortung für unser Innenleben übernehmen, gewinnen wir Würde und Selbstrespekt zurück. Tief in uns wissen wir ja auch, dass man durch Dramen und Konflikte nicht wirklich das bekommt, wonach man sich sehnt. Klar ist auch, dass wir selbst für unser Wachstum verantwortlich sind und unser Glück nicht davon abhängt, was wir von außen bekommen.

Zum inneren Prozess gibt es noch einen wichtigen Punkt, den wir erwähnen wollen. In einem vorherigen Kapitel haben wir uns mit der Frage beschäftigt, warum wir kämpfen. Wir haben dort gesehen, wie schnell man von Wut und Ablehnung beherrscht wird und wie stark die innere Ladung dann sein kann. Es ist wichtig, darauf zu achten, dass wir diese Wut nicht verurteilen oder unterdrücken, denn schließlich haben wir alle aus unserer Vergangenheit unerfüllte Bedürfnisse nach Liebe und Respekt in uns. Wir übernehmen sie, verbunden mit hohen Erwartungen und Träumen, in unsere Liebesbeziehungen und Freundschaften, und so ist es unausweichlich, dass es zu Enttäuschungen kommen wird.

Hinzu kommt, dass wir seit der Kindheit unsere eigenen Grenzen auf unterschiedliche Art immer wieder verraten haben, und so kann eine Menge Wut hochkochen, wenn uns das bewusst wird, oder wir sind frustriert, wenn wir sehen, wie schnell wir uns selbst verlieren. eshalb ist es verständlich, dass Intimität nicht nur aus wunderbaren Gefühlen der Liebe und Verbindung besteht, sondern auch aus Wut und Rachegelüsten. Wenden wir uns dann mit voller emotionaler Wucht an den anderen, verstärkt das in der Regel den Konflikt und es kommt zu noch mehr Schmerz und Ablehnung.

Daher müssen wir einen Weg finden, wie wir diese aufgestaute Wut und Abneigung in einem sicheren Rahmen rauslassen können. Denn erst dann können wir bewusst zu unserer inneren Kraft zurückfinden. Das kann durch Therapie geschehen, durch Kampfsport, Boxen, Dynamische Meditation, Atemtherapie oder andere Techniken. Unter Umständen dauert es Tage, bis wir uns beruhigt haben und sich unser Herz wieder öffnet, und erst dann können wir dem anderen wieder mit Verletzlichkeit begegnen. Es kann auch sein, dass wir nicht die Geduld haben, zuerst unsere Verletzlichkeit zu spüren, bevor wir uns mitteilen. Vielleicht ist der Drang, uns sofort wieder zu verbinden, so stark, weil wir verzweifelt sind oder die Spannung nicht aushalten und wir nicht mehr warten können. Oder wir haben die feste Überzeugung, dass der andere unrecht hat und dass es ein Zeichen von Stärke ist, unsere Wut loszuwerden.

In solchen Situationen hilft es zu wissen, dass Schwierigkeiten immer auch eine Gelegenheit für inneres Wachstum sind. Wenn wir das verstehen, machen wir uns nicht mehr zum Opfer und glauben, vom Wohlwollen anderer abhängig zu sein. Und wir hängen auch nicht mehr in der Illusion, dass es in einer guten Beziehung keine Unstimmigkeiten geben darf.

2. Sich verletzlich fühlen und sich dennoch mitteilen

Der Wunsch sich mitzuteilen kommt aus der Sehnsucht, die Verbindung wiederherzustellen. Man versucht nicht zu beweisen, dass man recht hat und will auch nicht seine Wut ablassen oder den anderen bestrafen und verändern. Man ist auch nicht in einem kollabierten oder resignierten Zustand und versucht nicht um jeden Preis die Harmonie wiederherzustellen.

Wenn wir den inneren Prozess durchlaufen haben, spüren wir das auch körperlich, besonders in unserem Herzen, denn dann lässt der Druck nach und wir können uns wieder öffnen. An diesem Punkt sind wir bereit für den letzten Schritt in diesem Prozess:

Wir teilen uns aus einem offenen und verletzlichen Raum heraus mit und können etwa Folgendes sagen:

1. „Ich möchte dir gerne etwas mitteilen, was mir wichtig ist, damit wir die Liebe zwischen uns wiederherstellen können."

2. „Es geht dabei um mich und ich habe nicht die Absicht, dich zu beschuldigen oder anzugreifen, ich will mich auch nicht verteidigen oder entschuldigen und ich will dich nicht verändern."

3. „Würde es dir jetzt passen? Hast du Zeit, mir zuzuhören? Ich möchte auch deinen Standpunkt hören und werde mich kurz fassen (max. 10 Min.), denn ich möchte auch gerne von dir hören, was du zu sagen hast."

(Das sind nur Vorschläge. Wichtig ist, es als Einladung zu formulieren und auch zu sagen, dass es nicht darum geht Vorwürfe zu machen, und dass ihr euch kurzfasst.)

Wenn die Antwort „Ja“ lautet, kann der nächste Schritt gemacht werden. Sollte die Antwort „Nein“ sein, fragst du, ob es einen späteren Zeitpunkt gibt. Vielleicht braucht dein Partner mehr Zeit, um alles zu verarbeiten, und kann dir deshalb noch nicht zuhören.

Dann wäre folgende Antwort möglich: „Das ist jetzt kein guter Zeitpunkt für mich, weil … aber ich würde gerne wieder mit dir in Verbindung sein und melde mich, wenn ich soweit bin.“

Sollte die Antwort „Ja“ lauten, kann man weitermachen, und unser Vorschlag wäre etwa so:

1. „Als das … geschehen ist oder als du das … gesagt oder getan hast, war es schwierig für mich und es hat mich verletzt.“

2. „Ich kann sehen, dass das mein Beitrag zu der Situation ist oder war … und ich erkenne, dass ich eine Tendenz habe zu …“

3. „In dem Bereich … bin ich aufgrund meiner Kindheit sehr empfindlich und deshalb bin ich … aber das ist meine Wunde und es ist nicht deine Schuld.“

4. „Wie geht es dir, wenn ich dir das sage?“

(*Wieder ist der Wortlaut nur ein Vorschlag. Wichtig ist, dass wir bei den Fakten bleiben, bei dem, was tatsächlich geschehen ist oder gesagt wurde. Wir müssen auch mitteilen, dass unsere Empfindsamkeit ihre Wurzeln in der Vergangenheit hat.*)

Wenn es einen Auslöser gibt, fühlen sich meist beide provoziert und wir hatten ja schon erwähnt, dass unsere Wunden meistens aufeinandertreffen.

Oft kommen auch bei einem oder beiden die Emotionen zurück, wenn man sich mitteilt, und das ist der Moment, wo es besser ist, wieder etwas Abstand zu nehmen, um mit dem eigenen inneren Prozess noch etwas tiefer zu gehen. Erst wenn sich beide wieder beruhigt haben, ist es Zeit für die andere Person zu antworten.

Hier ein paar Beispiele:

„Tatsächlich als … (was immer geschehen ist oder gesagt wurde), war es für mich so … als ich das gesagt oder getan habe."

„Ich sehe auch, dass ich einen Anteil an dem Konflikt oder der Situation habe, weil …"

„Bei mir wird die Wunde … berührt, aber ihre Wurzeln liegen in der Vergangenheit."

Es ist klar, dass wir den Wiedergutmachungsprozess hier etwas idealisiert dargestellt haben, denn in der Realität reagieren wir immer wieder sehr schnell emotional. Dennoch hilft uns dieses neue Bewusstsein, denn manchmal erkennen wir so wenigstens hinterher, dass wir überwältigt waren und finden schneller wieder zu uns selbst zurück. Wir erkennen auch leichter, was uns so provoziert hat, und wenn wir zu dem Gefühl und der Wunde zurückgehen, die das ausgelöst haben, finden wir vielleicht auch wieder den Raum der Verletzlichkeit, aus dem heraus wir kommunizieren können.

Wenn wir dafür die Verantwortung übernehmen können, geben wir unserer Beziehung Sicherheit zurück, und in der Regel kann Vertrauen und Liebe wiederhergestellt werden.

Am Anfang ist es nicht immer einfach zu unterscheiden, ob wir uns wirklich aus der Verletzlichkeit heraus mitteilen oder ob wir noch im Verteidigungsmodus sind. Das kann man herauszufinden, indem man den anderen fragt, ob er sich mit dir verbunden fühlt oder nicht, während du sprichst. Wenn er sich mit dir verbunden fühlt, bist du wahrscheinlich verletzlich, andernfalls eher im Verteidigungsmodus und beschuldigst oder beschwerst dich. Deshalb kann es am Anfang nützlich sein, nicht die vollen zehn Minuten zu sprechen, sondern zwischendurch nachzufragen, und erst dann weiterzumachen, wenn der andere bereit ist.

Natürlich ist es auch möglich, dass wir selbst verletzlich sind, aber der andere noch nicht bereit ist, sich zu öffnen. Dann ist es auch besser zu warten und unseren Wunsch nach Verbindung zurückzustellen.

Übung

Was man (wenn möglich) vermeiden sollte:

1. Nicht in der „Du-Form" sprechen, sondern über dich und bei der „Ich-Form" bleiben.

2. Nicht den anderen beschuldigen, angreifen oder analysieren. Vorwürfe vermeiden und nicht versuchen den anderen zu ändern.

3. Die Beziehung im emotionalen Ausnahmezustand nicht infrage stellen und nicht von Trennung reden oder davon, die Beziehung beenden zu wollen.

4. Den anderen nicht kritisieren, nicht runtermachen oder ihn verurteilen.

5. Die Wut nicht am anderen ablassen.

6. Den anderen nicht bestrafen, indem du dich einmauerst, isolierst oder entziehst.

Was man (wenn möglich) tun sollte:

1. Die klare und verbindliche Absicht formulieren, die Beziehung wiederherstellen und die Liebe wiederfinden zu wollen, statt Vorwürfe zu machen und sie zu verfestigen.

2. Verantwortung für deine Gefühle übernehmen und dir bewusst sein, dass es alte Gefühle sind, die sehr tief gehen können.

3. Zeit nehmen, deine Ängste und Unsicherheiten hinter den Emotionen zu erforschen.

4. Wenn du emotional auf deinen Partner reagiert hast, geh nach innen, spüre deine Angst, Einsamkeit und die Scham, die der Auslöser sind, und entschuldige dich ehrlich für deine Reaktion.

5. Gib deinem Partner Raum und Zeit, auch seinen Standpunkt mitzuteilen, und höre mit dem Herzen zu.

6. Wenn du den Konflikt nicht lösen kannst, versuche Hilfe zu finden, anstatt die Tür ganz zuzumachen.

Eine geführte Meditation, die uns in die eigene Mitte zurückbringt

Besonders, wenn man sich von Partner oder Freund provoziert fühlt

(Du kannst diese Meditation laut vorlesen und aufnehmen, damit du sie danach für dich abspielen kannst, oder du lässt sie dir vorlesen.)

Finde eine gute Position im Sitzen oder Liegen…
so, dass du bequem und ungestört bist.
Lass dich langsam entspannen.
Schließe deine Augen und richte deine Aufmerksamkeit und dein Bewusstsein nach innen.
Du gehst immer tiefer und entspannst dich immer mehr.
Du entspannst dich und sinkst immer mehr in dein Bewusstsein hinein.
Erlaube deinem Körper, sich auszuruhen und bleibe gleichzeitig aufmerksam und wach.
Beobachte deinen Atem, er kommt und geht ganz von alleine.
Beobachte das Einatmen und das Ausatmen.
Und mit jedem Atemzug gehst du noch etwas tiefer nach innen und entspannst dich immer mehr.
Nimm dir Zeit, in deinen Körper hineinzuspüren.
Du bist ruhig und entspannt, du hast Raum und bist in deiner Mitte, wo du zu Hause bist.
Vielleicht ist dir dieser innere Raum ganz vertraut, du kennst ihn vielleicht aus der Natur, beim Spaziergang, wenn du Sport treibst oder mit Kindern spielst, bei deinem Hobby oder bei anderen Aktivitäten, die dir helfen, in diesem Raum zu sein.
Dieser Raum ist dein Zuhause und es ist gut zu wissen, dass du immer,

wenn du möchtest, dahin zurückkehren kannst.
Es ist gut zu wissen, dass du immer in diesen Raum zurückkehren kannst, wenn es in deinem Leben Schwierigkeiten gibt. Hier kannst du tief durchatmen und bist bei dir selbst.
Und es gibt viele Dinge im Leben, die uns aus der Mitte bringen können.
Am meisten fühlt man sich provoziert und verliert seine Mitte, wenn man sich auf eine intime Beziehung einlässt.
Es kann provozieren, wenn man sich vom eigenen Partner missverstanden oder ignoriert fühlt,
oder wenn die innere Verbindung und Kommunikation fehlen,
oder wenn man das Gefühl hat, es fehlt an Zuneigung, Anerkennung und Akzeptanz.
Vielleicht vermisst du bei deinem Partner das Spielerische, positive Energie oder Initiative.
Du fühlst dich vielleicht nicht respektiert oder denkst, du würdest aggressiv und schlecht behandelt.
Das alles kann sehr verunsichern.
Nimm dir einen Moment Zeit und schau dir einen oder mehrere Auslöser an, vielleicht hast du so etwas vor kurzem erlebt oder es passiert dir immer wieder.
Geh in Gedanken zurück zu dieser Situation oder dem Ereignis und achte darauf, wie du dich dabei fühlst.
Schau nach, wie du reagiert hast oder auch immer wieder reagierst, wenn das passiert.
Vielleicht machte es dich wütend und du wurdest wütend auf deinen Partner.
Vielleicht machst du ihm oder ihr Vorwürfe und beschwerst dich über ihn oder sie.

Vielleicht ziehst du dich zurück und entziehst dich.
Beobachte deine Reaktion und spüre, dass es eine Störung in dir gibt, die ein Auslöser für die Reaktion war.
Spüre die Intensität, die darin ist.
Spüre, wie automatisch und zwanghaft die Reaktion ist.
Vielleicht hast du schon immer so reagiert und es ist dir sehr vertraut und du bist es so gewohnt.
Vielleicht hast du noch nie daran gedacht, dass du auch anders reagieren könntest.
Vielleicht glaubst du, dass du so reagieren musst, um dich zu schützen.
Wir reagieren immer so, wie wir es früher zum Überleben gelernt haben und wir denken, dass es immer noch notwendig ist.
Aber es gibt auch einen anderen Weg.
Stell dir vor, du würdest dich in dieser Situation dafür entscheiden, nach innen zu gehen, anstatt zu reagieren.
Nimm dir jetzt noch mal einen Moment Zeit und komm zu dir selbst zurück, lass dich in deinen inneren Raum hineinsinken, und nimm noch ein paar tiefe Atemzüge.
Mit deinem Atem kannst du immer langsam und sanft in deine eigene Mitte zurückkehren.
Dann erkennst du auch, dass es zwei Teile in dir gibt.
Der eine Teil von dir ist emotional und reaktiv, und der andere Teil kann einfach beobachten, selbst wenn du dich provoziert fühlst oder sehr aufgebracht bist.
Dieser Teil kann beobachten und Abstand halten, selbst wenn du irritiert oder sogar provoziert bist.
Nimm dir einen Moment, um die ganze Situation noch einmal zu sehen und zu fühlen.

Was hat dich provoziert und provoziert dich immer noch?
Sieh, wie sehr es dich irritiert hat oder es immer noch tut und wie zwanghaft und automatisch du darauf reagierst.
Du siehst vielleicht auch, dass die Situation durch deine Reaktion nur noch schlimmer wird.
Spüre, wie stark das Bedürfnis ist, zu reagieren.
Und jetzt nimm die ganze reaktive Energie bewusst zurück.
Beobachte, was passiert, wenn du dich bewusst entscheidest nicht zu reagieren.
Vielleicht bist du sehr frustriert und wütend.
Vielleicht spürst du Panik oder Angst.
Vielleicht fühlst du dich gedemütigt oder du schämst dich.
Vielleicht hast du Angst, die Kontrolle zu verlieren oder nicht gut genug zu sein.
Spüre, dass du alle diese Gefühle in deinem Bauch halten kannst.
Lass alle Gefühle da sein und nehme sie wahr, ohne zu reagieren.
Du kannst immer ganz bewusst deinen Atem nutzen, um dich zu beruhigen. Als ob dein Atem dir sagen würde: „Es ist alles in Ordnung, hier bist du sicher."
Du bemerkst vielleicht, wenn du bei diesen unangenehmen Gefühlen bleiben kannst und ganz bewusst auf deinen Atem achtest, dann findest du langsam und ganz von alleine wieder in deine Mitte zurück.
Es gibt dir deine Würde zurück, wenn du weißt, dass du jederzeit in dein inneres Zuhause zurückkehren kannst.
Vielleicht kannst du dir vornehmen, es immer mal wieder zu üben, wenn du dich im Alltag provoziert fühlst und reagieren willst. Dann komm zurück zu diesem inneren Raum, wo du in deiner Mitte bist.
Mit der Zeit wird es einfacher werden, zu dir selbst zurückzukommen und

entspannt zu bleiben, auch wenn die Emotionen stark sein sollten.
Später, wenn du dich beruhigt hast und wieder in deiner Mitte bist, möchtest du dem anderen vielleicht etwas mitteilen.
Du willst ihm oder ihr vielleicht sagen, dass du in dieser Situation Angst hattest und verunsichert warst, vielleicht auch, welche Ängste das genau waren und weshalb deine alte Wunde in dieser Situation aktiviert wurde.
Vielleicht möchtest du deinem Partner mitteilen, dass ein bestimmtes Verhalten für dich verletzend war, aber es ist klar, dass es deine Aufgabe ist, es dir anzusehen und es zu untersuchen.
Während dieser Meditation merkst du, dass es dir mit der Zeit leichterfällt, dich aus solchen Verstrickungen zu lösen und in die eigene Mitte zurückzufinden.
Es wird einfacher, nicht gleich zu reagieren, sondern bei den eigenen Gefühlen zu bleiben.
Und nur, wenn du wieder in deiner Mitte angekommen bist, ist Kommunikation überhaupt möglich.

Jetzt kannst du langsam wieder zurückzukommen.
Bewege deine Finger und Zehen und lass die Energie wieder in deinen Körper zurückfließen.
Vielleicht magst du einen tiefen Atemzug nehmen und kommst immer mehr zurück, und wenn du so weit bist, kannst du deine Augen öffnen.
Du bist jetzt wieder zurück und bist ganz bewusst und wach.

„Genau das ist Liebe: wenn zwei Menschen versuchen die Probleme des Lebens gemeinsam zu lösen, ohne die Geduld zu verlieren und aufzugeben; wenn sie darin eher eine Chance sehen, an der sie lernen und wachsen können.
Jede Beziehung ist eine Chance, an der man wachsen kann. Verurteile sie nicht, sondern genieße alle ihre Phasen, sowohl das Wunderbare, aber auch wenn es dunkel wird.
Denn so ist das Leben, es geht mal rauf und mal runter."

Osho, The New Dawn # 5

16. Die Anziehung entwickelt sich weiter – natürliche Veränderungen beim Sex in langen Beziehungen

Hier wollen wir uns anschauen, wie man die körperliche Anziehung in einer lang-fristigen Beziehung lebendig halten kann.

> Jason und Sandra hatten am Anfang ihrer zwanzigjährigen Beziehung ein intensives Sexleben. Inzwischen haben sie vier Kinder, es gab beruflichen Stress bei der Gründung eines Unternehmens und dazu haben sich ungeklärte emotionale Konflikte und Widerstände zwischen ihnen aufgebaut. Ihr Sexleben hat im Laufe der Zeit ständig abgenommen und ist inzwischen genz eingeschlafen.
> Jason sehnt sich nach leidenschaftlichem Sex. Sandra möchte zuerst die emotionalen Konflikte zwischen ihnen lösen. Sie will erst wieder eine tiefere Verbindung zu Jason spüren, bevor sie sich öffnen kann.

Die Probleme von Jason und Sandra sind ein gutes Beispiel, denn das geschieht in langen Partnerschaften sehr oft.

In der Regel können fünf Faktoren dazu führen, dass der Sex zwischen Partnern abnimmt:

1. Im Laufe der Zeit kommt es mit zunehmender Vertrautheit zu einer natürlichen Abnahme der sexuellen Anziehung.

2. Der alltägliche Stress bei der Arbeit, über die Finanzen und die Sorgen um die Kinder führt zu Konflikten.

3. Es gibt ungelöste emotionale Konflikte.

4. Es gibt unterschiedliche Bedürfnisse und Wünsche beim Sex.

5. Unbewusste sexuelle oder andere Traumata können das Sexualleben negativ beeinflussen.

Wenn ein Paar die Sexualität wiederbeleben oder vertiefen möchte, müssen all diese Faktoren in Betracht gezogen werden.

Werden wir verletzlicher, können alte Traumata aktiviert werden

Es ist wichtig zu verstehen, dass sich der Sex bei langen Beziehungen mit der Zeit verändert und es kann schwerfallen, das zu akzeptieren, denn oft haben wir die Vorstellung, dass Sex immer so aufregend sein müsste wie am Anfang. Aber die Intensität der frühen Beziehungsphase lässt mit der Zeit nach und wenn wir uns öffnen und verletzlicher werden, können Ängste und Unsicherheiten auftauchen, die uns vorher nicht bewusst waren. Es können verdrängte Traumata sein, die hochkommen und zu Störungen beim Sex führen, und dann funktioniert unser Körper nicht mehr so, wie wir es erwarten. Wenn vorwiegend Erregung den Sex steuert, sind wir mehr auf Orgasmus, Intensität und Abenteuer fokussiert. Aber diese Energie hängt zu einem gewissen Teil vom Grad der Objektivität und den Fantasien der Partner ab.

Wenn wir uns tiefer für den anderen öffnen, wird er oder sie wichtiger für uns. Das macht uns verletzlich und dann kann die sexuelle Erregung nachlassen. Unsere ursprünglich sehr aktive Sexualität kann jetzt bei einem oder beiden Ängste auslösen, und die Intensität eines erregten Sexlebens fühlt sich unter Umständen nicht mehr sicher an. Es kommt vor, dass einer der beiden im Schock ist und beim Sex dissoziiert, d.h. nicht mehr präsent ist und den eigenen Körper nicht mehr spürt. Das kann dazu führen, dass man sich zurückzieht und Sex ganz vermeidet oder wütend wird. Das wiederum löst eine schmerzhafte Dynamik aus, denn wenn ein Partner sich im Schock zurückzieht und dissoziiert, fühlt sich der andere verlassen und in seiner Lebendigkeit eingeschränkt.

Katherine und Louis sind seit 15 Jahren verheiratet. Sie haben drei Kinder und anfangs war ihre Sexualität leidenschaftlich und erfüllend. Aber als Katharine eine Therapie begann, weil sich bei ihr unerklärliche Angst-Symptome zeigten, veränderte das ihre Sexualität vollkommen. Sie begann dem Sex auszuweichen und nutzte die Kinder als Vorwand. Sie wurde abweisend gegen Louis und wollte keinen Sex mehr, wenn die Kinder im Haus waren, aber auch wenn sie ohne die Kinder im Urlaub waren, versuchte sie den Sex zu vermeiden.

Ihr Therapeut fragte sie, ob sie Erinnerungen an sexuellen Missbrauch in der Kindheit hatte, aber sie konnte sich an nichts derartiges erinnern. Die Situation wurde noch komplizierter, als sie eine kurze Affäre mit ihrem Fitness-Trainer hatte und feststellte, dass ihre Sexualität wieder so intensiv sein konnte wie am Anfang ihrer Ehe mit Louis. Sie war bei ihrem Trainer nicht so verletzlich und so war die Erregung mit ihm wieder möglich.

Als sie zu uns zur Paar-Therapie kamen, stand die Ehe auf der Kippe, aber es war immer noch eine tiefe Liebe zwischen ihnen und sie hofften beide, ihre Ehe retten zu können. Es stellte sich heraus, dass Katherine zwar gerne leidenschaftlichen und aufregenden Sex mit Louis hatte, doch sie dissoziierte dann immer. Sie erkannte, dass sie beim Sex nie wirklich in ihrem Körper präsent war, auch am Anfang ihrer Beziehung nicht, als alles noch gut zu laufen schien. Wenn sie versuchte mit ihrem Körper und ihren Gefühlen verbunden zu bleiben, fühlte sie sich gelähmt und wie im Schock erstarrt oder es kam eine enorme Wut hoch. Beides war für sie und auch für ihn völlig unverständlich, bis wir ihnen erklärten, dass die Extreme der Angst und Wut eine natürliche Reaktion auf sexuellen Missbrauch in der Vergangenheit sein können. Es war dabei nicht entscheidend, ob sie konkrete Erinnerungen hatte oder nicht, denn sie würde diese Wunde mit der Unterstützung und Liebe von Louis heilen können.

Wir baten sie, sich ihm gegenüber zu setzen und ihm zu sagen, was sie brauchen würde, um sich sicherer zu fühlen und ihm sexuell wieder näherzukommen. Sie sagte: „Ich wünsche mir, dass du sehr langsam und achtsam bist und die ganze Zeit mit mir verbunden bleibst. Manchmal muss ich anhalten und einfach nur atmen, um meinen Körper wieder zu spüren."

Er antwortete: „Ich werde es versuchen, obwohl ich meine Erregung nur schwer zurückhalten kann. Aber ich möchte, dass wir zusammen bleiben und dafür ist mir alles recht, was immer du brauchst."

Ganz langsam entspannte sich ihr Körper und konnte so zulassen, dass sie eine Erregung spürte.

„Ihr werdet Zeit und Geduld brauchen, aber so könnt ihr euch eure Liebe wirklich beweisen," erklärten wir ihnen.

Dann wollten wir auch Louis helfen, denn er musste seine Kastrationswunde erkennen, die immer dann berührt wird, wenn er seine Sexualität nicht frei ausleben kann. Wegen ihrer Affäre mit dem Trainer war auch er sexuell tief verunsichert. Die Kastrationswunde tritt bei Männern auf, die von ihren Müttern dominiert wurden oder wenn sie Gewalt durch einen ihrer Betreuer erfahren haben und auch, wenn ihre aufkommende Sexualität als Teenager abgelehnt wurde. Auch bei Frauen kommt sie vor, wenn sie von ihren Vätern (oder anderen Männern) früher dominiert und kontrolliert oder misshandelt und missbraucht wurden.

Solche Situationen, wie die von Katherine und Louis sind kompliziert, denn während sich der eine unterdrückt fühlt, fühlt sich der andere ausgenutzt und missachtet oder nicht wahrgenommen.

Diese Dynamik lässt sich nur durch ein hohes Maß an Einfühlungsvermögen lösen und man muss dem Sicher-in-der-Verbindung-Sein die höchste Priorität geben. Dann können die Qualitäten, nach denen wir uns so sehr sehnen, in die Beziehung zurückkommen: Lebendigkeit, Abenteuer, das Spielerische und auch die Erregung.

Tipps zum Wiederherstellen von Sicherheit und Vertrauen in der Partnerschaft

1. Auf Langsamkeit achten, denn wenn das Nervensystem von einem oder beiden Beteiligten überfordert ist, kann das zu Angst, Wut, Dissoziation oder Schock führen. Durch die Entschleunigung kann die traumatisierte Person wieder mehr Lebendigkeit zulassen.

2. Die eigenen Körpererfahrungen mitteilen, sowohl beim Sex, aber auch wenn kein Sex stattfindet.

3. Möglichst Blickkontakt halten, damit die Verbindung bestehen bleibt und keiner befürchten muss, als Objekt behandelt zu werden. Es unterstützt beide, in ihrer Präsenz zu bleiben.

4. Beide sollten lernen zu erkennen, wann sie in Dissoziation oder in Schock gehen und mitteilen, wie sich das anfühlt.

5. Sie sollten sich darüber bewusst sein, dass beim Sex Wut und Zorn hochkommen können, wenn es früher eine physische oder sexuelle Traumatisierung gab. Die traumatisierte Person kann die traumatisierenden Erfahrungen von früher auf den Liebhaber projizieren, wenn durch die Intensität der Leidenschaft tief vergrabene Erinnerungen berührt werden.

Sexualität verändert sich ganz natürlich, wenn eine Beziehung tiefer geht und die Sensitivität zunimmt. Die uns bekannte und anfänglich sehr aufregende Art der Sexualität verliert an Bedeutung, wenn wir empfindsame innere Bereiche berühren. Das kann zu Störungen in der Beziehung führen, wenn einer der beiden an der ursprünglichen Form der Sexualität festhalten will, während der andere gerne langsamer und meditativer beim Sex sein möchte und nicht mehr so auf den Orgasmus fixiert ist. Denn am Anfang einer Beziehung ist immer die Energie und die Erregung am wichtigsten. Aber je näher man sich kommt, je wichtiger wird die Verbindung.

Simon und Linda haben Schwierigkeiten in ihrer Beziehung, seit Linda das Interesse an der alten Form der aufregenden, auf Orgasmus ausgerichteten Sexualität verloren hat. Linda hatte in der Vergangenheit wilde Zeiten erlebt und sie konnte ihre Sexualität intensiv und mit unterschiedlichen Partnern erforschen, aber jetzt war sie an einem Punkt, an dem sie nur noch an einer tiefen Verbindung interessiert war.
Für Simon hingegen war es noch sehr wichtig, seine sexuelle Kraft im Orgasmus zu erleben und es fiel ihm schwer, sich der Veränderung bei Linda anzu-

passen. Aber er war bereit, sich auf eine neue Art der Sexualität einzulassen, und so besuchten sie gemeinsam ein einwöchiges Paar-Seminar mit dem Thema, wie Sexualität langsamer, in einer tieferen Verbindung erlebt werden kann, wenn man den Fokus nicht auf Erregung und Orgasmus ausrichtet. Er konnte sich auf Lindas Bedürfnisse einstellen und stellte dann fest, dass auch für ihn diese Art der Sexualität viel nährender war.

Die Sexualität kann auch durch Alltagsstress und Sorgen um die Kinder gestört werden.

Alltagsstress und Sorgen um die Kinder haben langsam dazu geführt, dass Martin und Belinda Sex vermeiden. Die Tür zu ihrem Schlafzimmer ist immer offen, damit sich die Kinder nicht ausgeschlossen fühlten. So müssen sie immer befürchten, dass eines ihrer Kinder hereinkommen könnte, wenn sie Sex haben. Martin kommt außerdem oft erst spät von der Arbeit nach Hause und dann ist er in Gedanken bei den Problemen in seiner Firma und verbringt den restlichen Abend mit beruflichen Dingen am Computer. So gibt es für die Sexualität keinen Platz mehr und beide haben es dann irgendwann aufgegeben.

Wenn Martin es doch mal versuchte, hatte Belinda das Gefühl, er würde sich nicht genug Zeit für sie nehmen und wäre nur an einem "Quickie" interessiert. Nachdem sie ihn mehrmals abgewiesen hatte, versuchte er nicht mehr, sich ihr zu nähern. Inzwischen waren beide verletzt und hatten resigniert, obwohl sie sich nach der Liebe sehnen. Aber sie wissen einfach nicht, wie sie sich ihre Bedürfnisse mitteilen sollen und sehen keinen Weg, wie sie ihre eigene Resignation und die alltäglichen Ablenkungen durch Kinder und Arbeit überwinden können.

Es geschieht häufig, dass der Sex auf diese Art untergraben wird und irgendwann finden sich Paare mit der Routine, der Langeweile und der fehlenden Lebendigkeit ab. Aber wenn man die Sexualität lebendig halten will, muss man darauf achten, sich nicht immer ablenken zu lassen und es muss eine klare Absicht und den Wunsch geben, dass man sich genügend Zeit für Sex nehmen will.

In der einen Woche, die Martin und Belinda mit uns in dem Retreat für Paare verbrachten, haben wir dieses Thema angesprochen und unterstützten sie, ihre Sehnsucht nach Sexualität zu erkennen und auszudrücken. Wir zeigten ihnen einfache Übungen, wie sie sich auf sensible Art körperlich näherkommen konnten, ohne dass es für einen der beiden bedrohlich wurde. Wir empfahlen ihnen, sich regelmäßig während dem Sex und hinterher über ihre Erfahrungen auszutauschen, besonders wenn Verunsicherungen und Ängste auftraten. Wir ermutigten sie auch, sich gegenseitig ihre Wertschätzung und auch ihre sexuelle Anziehung mitzuteilen.
Dann suchten wir gemeinsam nach Lösungen für die praktischen Probleme zu Hause und beide waren sich einig, dass es in Ordnung war, die Schlafzimmertür manchmal zu schließen. Sie wollten auch weiter miteinander über dieses Thema sprechen und sich gegenseitig ihre Wertschätzung mitteilen wie sie es in diesen Tagen mit uns getan hatten. In Zukunft wollte Martin außerdem darauf achten, dass seine Arbeit nicht immer Vorrang vor der Intimität mit Belinda haben sollte.

Paare können ihren Sex auf viele Arten lebendig halten, wenn sie dazu bereit sind. Es gibt Paarberatungen, oder man kann Seminare besuchen und lernen, wie man neue Wege der Sexualität entdecken kann. Das kann auch bei gemeinsamen Urlaubsreisen geschehen oder anderen Wegen, um den alltäglichen Stress und die Arbeit zurückzustellen. Und man muss die Freizeit ja nicht immer mit den Kindern verbringen. Unserer Erfahrung nach ist es immer möglich, Wege zu finden, wenn die Paare es wollen.

Ungelöste emotionale Konflikte stören die Sexualität

Als Arthur und Cathy zu uns kamen, war ihre Sexualität durch ungelöste emotionale Konflikte gestört. Arthur war mit seiner Arbeit beschäftigt und hatte kaum Zeit für Cathy, stattdessen hatte er sich zurückgezogen und kommunizierte auch kaum noch mit ihr. Für Cathy sah es so aus, dass sie nicht mehr an ihn herankam und wenn sie mal versuchte sich mitzuteilen, war sie kritisch und ungeduldig, was dazu führte, dass sich Arthur noch mehr zurückzog. Sie hatte dann vor einigen Jahren eine kurze Affäre, weil sie starke Sehnsucht nach Intimität und Nähe hatte, die sie mit Arthur vermisste.

Wir untersuchten die Situation etwas genauer und es stellte sich heraus, dass sich Arthur nur schwer mitteilen konnte. Er war tief verunsichert, denn er war nicht sicher, ob sie wirklich bei ihm bleiben würde, und er hatte Zweifel, ob er sie überhaupt sexuell zufriedenstellen konnte.

Als wir uns Cathys Situation genauer ansahen, zeigte sich, dass sie generell auf alle Männer wütend ist und ihnen nicht vertrauen kann, weil sie früher von ihrem Vater misshandelt wurde. Trotzdem idealisierte sie ihren Vater weiterhin und war nicht in der Lage, sich direkt gegen den Missbrauch zu wenden, sondern richtete ihr ganzes Misstrauen und die Wut gegen Arthur. Arthur konnte erkennen, wie wütend er immer noch auf seine Mutter war, weil sie ihn als Teenager abgelehnt hatte, als sich bei ihm die Männlichkeit und Sexualität zu entwickeln begann. Als Cathy ihn dann sexuell zurückwies, spürte er die gleiche Scham über seine sexuelle Energie, die er mit seiner Mutter erlebt hatte. Schließlich konnten sie gemeinsam ihre Themen erkennen und auch offen mit uns darüber sprechen und es gelang ihnen am Ende, viel von dem verlorengegangenen Vertrauen zurückzugewinnen.

Nichts ist für Sex schädlicher als ungelöste emotionale Konflikte. Bei unserer Arbeit mit Arthur und Cathy zeigten sich einige der häufigsten Themen, die zu einer Beeinträchtigung der sexuellen Energie in langen Beziehungen führen können.

1. Es gibt ungelöste Themen mit Wut, Abneigung, Misstrauen und Rachegefühlen, die ihre Ursachen in Vernachlässigung, Missbrauch oder Unterdrückung in der Kindheit haben und die auf den heutigen Partner projiziert werden.

2. Abneigungen, Störungen der Harmonie, fehlender Respekt oder mangelnde Kommunikation, die bisher nicht verarbeitet wurden, weil das nötige Verständnis und Werkzeug fehlt, um Konflikte auf gesunde Art lösen zu können.

3. Es kann sexuelle Unsicherheiten bei einem oder beiden geben, die man zugeben und über die gesprochen werden muss.

Für die Lösung der meisten sexuellen Probleme ist es gut, wenn man sich die tiefe Liebesverbindung gegenseitig versichert und sie so auch wiedererweckt. In einer Atmosphäre der Liebe, des Austauschs und des Respekts können Paare diese Probleme überwinden und den körperlichen Aspekt ihrer Verbindung wiederbeleben. Sex alleine reicht zwar nicht, um in einer langen

Beziehung die Liebe zu erhalten, aber ohne den physischen Aspekt der Liebe würde doch etwas Wichtiges fehlen.

Unserer Erfahrung nach kann es für Paare sehr befreiend sein, wenn sie erfahren, dass es eine Alternative zum Erregungssex gibt. Tatsächlich gewinnt die Sexualität an Tiefe, wenn zu der erregenden Seite die meditative dazukommt. Aber das ist nur möglich, wenn Sicherheit und Vertrauen da sind, und die Verbindung und Kommunikation eine hohe Priorität haben, Ängste und Unsicherheiten des Partners ernst genommen und respektiert werden.

Übung

Frage dich selbst:

1. Welche Erwartungen habe ich an mich selbst und an meinen Partner in Bezug auf die Sexualität?

2. Welche Ängste und Unsicherheiten habe ich in Bezug auf Sex?

3. Hat sich der Sex in meiner Beziehung mit der Zeit verändert und wenn ja, was glaube ich, woran das liegt?

4. Gebe ich mir oder meinem Partner die Schuld, wenn ich mit unserem Sex unzufrieden bin.

5. Gibt es ungelöste emotionale Konflikte, die unsere Sexualität beeinflussen könnten.

6. Bin ich bereit, mich auf nötige Veränderungen einzulassen, um mich wieder sicher und in Verbindung zu fühlen und eine Erfüllung in unserer Sexualität finden zu können. Wenn ja, um welche Art von Veränderungen könnte es sich dabei handeln?

Frage deinen Partner:

1. Was könnte dich unterstützen, um offener und interessierter am Sex zu sein?

2. Was könnte ich tun oder was sollte ich nicht tun, damit du dich sicherer und offener fühlen kannst?

3. Was könnten wir tun, um mehr Zeit und Ruhe für unsere Sexualität zu haben?

Orientierungshilfen, um beim Sex mit dem Körper verbunden zu bleiben

Richte deine Aufmerksamkeit auf deine Körperwahrnehmung und frage dich:

1. Bist du im Intimbereich verspannt oder entspannt?

2. Fühlt sich dein Herzzentrum offen oder verschlossen an?

Wenn du erregt bist:

1. Bist du in der Lage, mit deinem Körper verbunden zu bleiben?
2. Bist du in der Lage, mit deinem Partner verbunden zu bleiben?
3. Vermeidest du es, die Verbindung zu spüren und konzentrierst dich nur auf dein eigenes Erleben und deinen Orgasmus, oder schweifst du in Fantasien ab?
4. Wie ist dein Verhalten beim Sex, wenn du unsicher oder ängstlich bist?

Nach dem Sex:

1. Kannst du eine tiefere Verbindung zu dir selbst und zu deinem Partner spüren?
2. Wenn nicht, was geschieht auf der tieferen Ebene? Hast du versucht, deine Unsicherheit zu kompensieren, in dem du aktiv warst, oder wolltest du es deinem Partner recht machen und hast deine Ängste verdrängt, oder hast du die Verbindung zu deinem eigenen Körper verloren?
3. Fühlst du dich genährt oder eher weniger genährt?
4. Möchtest du nach dieser Erfahrung eher mehr oder lieber weniger Sex haben?

„Die Liebe ist eine seltene Blume. Es passiert nur hin und wieder einmal. Millionen von Menschen leben in der irrigen Vorstellung, dass sie lieben. Sie glauben, dass sie lieben, aber das ist nur ihr Glaube.
Sex kann jeder haben. Bekanntschaften sind für alle möglich. Aber nicht Liebe. Wenn du keine Angst hast, gibt es nichts zu verstecken. Dann könnt ihr offen sein, dann könnt ihr alle Grenzen fallen lassen, dann könnt ihr den anderen einladen, euch im tiefsten Innern zu treffen.
Macht die Liebe zum Sadhana. Lasst es keine leichtfertige Angelegenheit sein. Liebe darf nicht einfach ein Verstandausschalten sein. Lass es nicht nur körperliche Befriedigung sein. Macht es zu einer inneren Suche, und betrachtet den anderen als Hilfe, als einen Freund."

Osho, Der Weg des weißen Wolke, #7

Zum Abschluss – Im Love Flow leben

Der Love Flow ist ein Energiefeld, das außerhalb unseres Misstrauens und der Selbstzweifel existiert. Er existiert auch außerhalb unserer negativen Glaubenssätze, die uns entweder einreden, dass wir nicht liebenswert genug wären oder dass sowieso niemand für uns gut genug sei. Dieser Liebesfluss existiert jenseits unseres Egos und den Zugang zu diesem Energiefeld können wir finden, wenn wir in uns selbst und mit unserem Partner oder unseren Freunden ein gesundes Umfeld schaffen. Gute Grundlagen für eine nährende Liebesbeziehung oder Freundschaft sind Bewusstheit, innere Arbeit, Ausdauer und Selbsterkenntnis.

Wir können den Boden dafür bereiten, wenn wir uns selbst immer wieder neu erforschen und freundlich mit uns selbst sind. Wenn wir unsere Grenzen achten und vor allem nicht darauf warten, dass uns jemand von außen retten müsste, um glücklich zu sein. Schließlich müssen wir die Enttäuschungen und Frustrationen des Lebens einfach aushalten – alles andere liegt nicht in unserer Hand!

Viele von uns glauben, dass man zuerst den perfekten Partner oder Seelenverwandten finden müsste und manchmal glauben wir auch, dass wir ihn oder sie schon gefunden haben. Das sind aber in der Regel Fantasien, die wenig mit der Realität zu tun haben. Dass uns jemand von außen vor Einsamkeit, Schmerz, Angst und Scham bewahren könnte, erwächst aus einer unreifen und mystifizierten Vorstellung. Damit vermeiden wir, die notwendige innere Arbeit zu tun, die den Boden für den *Love Flow* bereitet.

Wir nutzen ganz bewusst die Metapher vom *Love Flow*, denn dieser Fluss trägt uns mit sich und wir können in ihm wachsen und reifen. Dann sind wir bereit für die zehn essenziellen Lektionen der Liebe, mit denen wir dieses Buch abschließen möchten.

1. Sich selbst und die eigenen Empfindsamkeiten kennen

Wir wollen die alten Wunden von Scham und Schock, Vereinnahmung und Verlassensein in uns erkennen und verstehen, wie sie unsere heutigen engen Beziehungen beeinflussen. Wir wollen auch verstehen, wodurch sie aktiviert werden und was das mit uns macht. Und schließlich wollen wir die Verantwortung dafür übernehmen, ohne unseren Frust und unsere Enttäuschung am anderen abzulassen.

2. Gemeinsamkeiten

Wir wollen Prioritäten in unserem Leben setzen und den Mut haben zu überprüfen, ob sie mit denen unseres Partners oder der Freunde übereinstimmen. Das gilt im Besonderen für die wichtigen Themen des Lebens, wie Kinder haben oder nicht, sexuell treu sein oder nicht. Aber es geht auch darum, ob wir bereit sind, aufkommende Themen zu bearbeiten oder ob wir lieber alles ausblenden und auf Distanz gehen oder uns ablenken.

3. Offen bleiben

Wir wollen unseren automatischen Verteidigungsmodus erkennen und dann den Mut haben, diesen zu hinterfragen. Für eine gesunde Bindung ist es wichtig, dass wir versuchen dieses automatisierte Verhaltensmuster zu erkennen und uns ihm entgegenzustellen. Wenn wir zum Beispiel merken, dass wir gerade dabei sind uns zu verteidigen oder uns abzulenken, dann sollten wir stattdessen nach innen gehen und unseren Körper spüren, in den Schmerz oder die Irritation hineinspüren und offen damit umgehen, zuerst offen uns selbst gegenüber und dann auch gegenüber dem Partner.

4. Den anderen akzeptieren

Lieben heißt, den anderen mit all seinen Beschränkungen, persönlichen Eigenarten und Unsicherheiten zu akzeptieren. Das ist dann besonders wichtig, wenn uns Aspekte der Persönlichkeit und des Verhaltens unseres Partners nicht gefallen. Außerdem müssen wir darauf achten, unseren Frust nicht an anderen abzulassen, wenn wir nicht bekommen, was wir wollen.

5. Zur eigenen Wahrheit stehen

Wenn wir einem anderen Menschen näherkommen, ist es wichtig, dass wir dabei auf unseren eigenen Raum und unsere eigene Würde achten. Dazu müssen wir uns unserer Grenzen, unserer Integrität und Individualität bewusst sein und für sie einstehen. Selbst wenn es gegen den Wunsch, die Forderung oder gar die Bitte des anderen geht, müssen wir unserer Wahrheit, unserer Energie und unserem Körper folgen, und dies dann freundlich mitteilen. Natürlich muss man sich dann auch den Schuldgefühlen stellen, die aufkommen, weil man den Partner eventuell enttäuscht, wenn man zur eigenen Wahrheit steht.

6. Ressourcen – Kraftquellen

Es ist immer wichtig, auch außerhalb der Beziehung für uns zu sorgen – durch ein interessantes, erfüllendes Leben, und darauf zu achten, dass der Sinn und die Freude nicht vom Partner abhängt. Man kann diese Bedeutung im Beruf finden, in seiner Kreativität, im Zusammensein mit Freunden oder in der Natur. Oder einfach indem wir das tun, was uns Freude macht.

7. Ehrlichkeit und Zuverlässigkeit

Wir sollten ehrlich miteinander sein und keine Geheimnisse voreinander haben, damit das Sicherheitsgefühl in der Parnerschaft nicht untergraben wird. Haben wir etwas versprochen oder vereinbart, sollten wir es einhalten. Zudem brauchen wir Mut, um uns nicht auf etwas einzulassen, das für uns nicht stimmt.

8. Konflikte auf liebevolle Art lösen

Bei Konflikten sollte man immer zuerst durch den eigenen Prozess gehen, reflektieren und sich erst dann wieder dem Partner zuwenden, wenn man zur Wiedergutmachung bereit ist.

9. Bei der Sexualität mehr Intimität zulassen

Wenn wir tiefer gehen, verändert sich natürlicherweise die Sexualität, dann gilt es neue Wege zu finden, die für beide stimmig sind. Dabei hat die Sicherheit in der Verbindung und unsere Kommunikation die höchste Priorität, und nicht die Erwartungen und Idealvorstellungen, denen wir nachhängen.

10. Regelmäßig meditieren

Es ist gut, sich Zeit zu nehmen, um nach innen zu gehen. Dadurch entwickeln wir mehr Bewusstheit und Empfindsamkeit für unsere Verletzlichkeit. So schaffen wir einen Raum in uns und halten Konflikte besser aus, wenn wir provoziert werden. Es ist außerdem ein guter Weg, um direkten Kontakt zu unserer natürlichen Lebensfreude zu finden.

Selbst wenn es uns gelingt, im *Love Flow* zu sein und wir eine gesunde und gut funktionierende Beziehung haben, werden wir trotzdem manchmal an unterschiedlichen Ufern stranden, wo wir uns nicht mehr als Liebende oder Freunde sehen, sondern uns als Feinde betrachten.

Dann ist es wichtig, das zu erkennen und die Verantwortung für unser Stranden zu übernehmen und bereit zu sein, alles zu tun, was nötig ist, um wieder in den *Love Flow* zurückzugelangen.

In Liebe
Krish und Amana

„Wenn du eine harmonische Beziehung möchtest, musst du erst lernen, meditativer zu werden. Liebe alleine reicht nicht. Liebe alleine ist blind – Meditation gibt ihr Augen und Verständnis. Erst wenn deine Liebe irgendwann beides ist, Liebe und Meditation, werdet ihr zu Weggefährten. Dann ist es keine gewöhnliche Beziehung eines Paares mehr. Es wird eine Reise in Freundschaft, in der man gemeinsam die Mysterien des Lebens erforschen will.
Denke also immer daran, dass die Liebe ohne Meditation nicht funktionieren kann, sie hat keine Chance auf Erfolg. Selbst wenn es dir gelingt, den anderen etwas vorzumachen, dir selbst wirst du nichts vormachen können. Tief in deinem Inneren weißt du, dass sich all die Versprechungen der Liebe nicht erfüllt haben.
Nur in Verbindung mit Meditation bekommt die Liebe neue Farben, einen neuen Klang mit neuen Liedern und neuen Tänzen. Erst durch Meditation lernst du die gegensätzlichen Pole verstehen und durch dieses Verständnis verschwindet der Konflikt ganz von selbst."

Osho, Beyond Enlightenment # 16

Ausgewählte Literaturliste

. Susan Anderson, The Journey from Abandonment to Healing, Surviving Through and Recovering from the Five Stages That Accompany Loss, Berkeley Books, 2000

. Bradshaw, John, Wenn Scham krank macht: Verstehen und überwinden von Schamgefühlen, Knaur, 2006

. David P. Celani, The Illusion of Love - Why The Battered Woman Returns to Her Abuser, Columbia University Press, 1994

. Gay Hendricks, Ph.D. and Kathlyn Hendricks, Ph.D., Conscious Loving - The Journey of Co-Commitment, Bantam Books, 1990

. Harville Hendrix, Ph.D., Getting the Love You Want - A Guide for Couples, Henry Holt and Co, 1988

. Harville Hendrix, Ph.D., Keeping the Love You Find - A Personal Guide, Simon and Schuster, 1992

. Robert Karen, Ph.D., Becoming Attached - First Relationships and How They Shape Our Capacity for Love, Oxford University Press, 1998

. Robert Augustus Masters, Knowing Your Shadow, Soundstrue Audiobook, 2013

. Pia Mellody, Facing Co-Dependency - What it is Where It Comes From How It Sabotages Our Lives, Harper-SanFrancisco, 1989

. Pia Mellody, The Intimacy Factor - The Ground Rules for Overcoming the Obstacles to Truth, Respect, and Lasting Love, Harper San Francisco 2003

. Pia Mellody, Facing Love Addiction - Giving Yourself the Power to Change the Way You Love, Harper San Francisco, 1992

. Pia Mellody, Breaking Free - A Recovery Workbook for Facing Codependency, 1989 Harper San Francisco

. Terry Real, The New Rules of Marriage - What We Need to Know to Make Love Work, Ballantine Books, 2008

. Diane Richardson, Zeit für Liebe - Sex, Intimität und Ekstase in Beziehungen, Innenwelt, 2003

. David Richo, Reif werden füreinander: Wie man in Beziehungen erwachsen wird - Die fünf Dimensionen authentischer Liebe, Windpferd, 2009

. Marnia Robinson, Das Gift an Amors Pfeil: Von der Gewohnheit zum Gleichgewicht in sexuellen Beziehungen, Arbor, 2010

. Marion Solomon, Narcissism and Intimacy - Love and Marriage in an Age of Confusion, W.W. Norton and Co., 1992
. Marion Solomon and Stan Tatkin, Liebe und Krieg in Paarbeziehungen: Verbundenheit, Unverbundenheit und wechselseitige Regulation in der Paartherapie, Junfermann, 2013
. Hal Stone, Ph.D. and Sidra Stone, Ph.D., Liebe bleibt solange sie tanzt: Partnering - Die andere Art, Beziehung zu leben, Reichel, 2005
. Trobe, Krishnananda, Liebeskummer lohnt sich doch, Co-Abhängigkeit in Beziehungen und die Ängste des Inneren Kindes, Heuer, München, 1998
. Trobe , Krishnananda, Liebe ist (k)ein Kinderspiel - Von unseren Ängsten und der Kunst, aus Beziehungen zu lernen, 2001
. Trobe, Thomas und Demant Trobe, Gitte, Vertrauen ist gut, Selbstvertrauen ist besser: Wege aus der Enttäuschungsfalle, Innenwelt, Köln, 2004
. Trobe, Krishnananda und Amana, Wenn Sex intim wird: Die drei Stufen zur verbindlichen Partnerschaft, Innenwelt, Köln, 2008
. Janae Weinhold, Ph.D. and Barry Weinhold, Ph.D., The Flight from Intimacy, Healing Your Relationships of Counter-dependency, the Other Side of Co-dependency, New World Library, 2008

Über die Autoren

Krish und Amana Trobe haben 1995 „The Learning Love Institute" gegründet. Sie arbeiten auf der ganzen Welt mit Paaren und Einzelpersonen, geben Seminare und bilden Therapeuten in ihrer Arbeitsweise aus. Krish ist ursprünglich als Psychiater ausgebildet, hat aber im Laufe der Arbeit mit Klienten für sich entschieden, Therapie mit Meditation zu verbinden – und diese Ausrichtung ist die Grundlage des Learning Love Institutes. Ihre Bücher sind in vielen Sprachen übersetzt und publiziert. In Deuschland bieten die beiden jedes Jahr ihre Seminar im Osho Uta Institut, Köln an.
Wenn sie nicht reisen, leben sie in Sedona, Arizona .

www.learningloveinstitute.com

LIEBE LERNEN, BAND 1
Verletzlichkeit zulassen -
Verlassenheitsängste heilen
ISBN 978-3-942502-10-8

LIEBE LERNEN, BAND 2
Scham und Schock heilen
ISBN 978-3-942502-11-5

LIEBE LERNEN, BAND 3
Leidenschaftlich leben -
mit der Kraft der inneren Stille
ISBN 978-3-942502-12-2

WENN SEX INTIM WIRD
ISBN 978-3-936360-27-1

VERTRAUEN IST GUT, SELBSTVERTRAUEN IST BESSER
ISBN 978-3-936360-10-3